〝地頭〟がいい人の問題解決力

午堂登紀雄

はじめに――「問題解決力」を身につければ、仕事（人生）の成果が格段に上がる！

◆できる人の思考のスキル・行動テクニックのすべてがここに

みなさんは今、いくつの問題を抱えていますか？

仕事の問題だけでなく、プライベートの問題も、思いつくかぎり挙げてみてください。

お金のこと、家族のこと、健康のこと、将来のこと、人間関係のこと……。

僕はざっと数えても、大きいものから小さいものまで20以上はあります。

ほとんどの問題はそのつど解決していますが、常に20くらいは問題を抱えながら生活している、ということです。

「売り上げを伸ばしたい」
「仕事の成果を上げたい」
「転職してキャリアアップできるか」
「お金をどう守り、殖やしていけばいいか」

……僕たちが日々、直面するこうした多くの問題を、いかに解決していくか――**問題解決力は、時代や環境の変化にも左右されない能力**として、また**広く人生全体に使える「より幸せになるための思考力と行動力」**として、どんな資格の勉強よりも、**最優先で取り組むべきテーマ**ではないでしょうか。

問題解決力を高めれば、これまでより、また他人よりうまくことを運べるようになり、自分もみんなもハッピーになる結果を生み出せる。組織や周囲の人から望まれる人物になり、気分よく仕事ができる。

報酬も多くもらえるようになるし、昇進もできる。

裁量の幅が大きくなり、選択肢が増える。会社の売り上げも業績も上がる。心の安定も保てる。

実際、問題解決力がつくごとに、僕自身が手にするお金の額は大きくアップしていきましたし、自由になる時間も増えていきました。

◆問題解決力をつけた結果、僕はどうなったか……

僕はかつて、アーサー・D・リトル（ADL）という外資戦略系コンサルティングファームで経営コンサルタントとして働いていました。そこでは企業の問題解決を「戦略（ストラテジー）」という視点から提供します。高額の報酬をいただき企業全体を動かす提案をするため、**「本質をとらえる」「考え抜く」**ことを、ここで徹底的に学びました。

それ以前は、大手流通企業のマーケティング部門で、加盟店を指導するスーパーバイザーの仕事をしていました。ここで学んだのは**「仮説検証」**という仕事のやり方。そして小売業であるがゆえ、**「ものごとを徹底してやる」**というオペレーションフォーカスの思想。

大学卒業後はすぐに就職もせず、初めて就職した小さな会計事務所も追われるようにして辞めたほどの人間だった僕が、こうした問題解決力をつけた結果どうなったか。

大手流通企業で優秀社員賞をもらい、外資コンサルで活躍し、33歳の時には投資で資産3億円をつくることができたのです。

そして、今や自分が創業した会社の代表取締役として、知性とユーモアあふれる社員だちに囲まれて楽しく仕事ができるようになりました。そして、何冊もの本を出版させていただけるようになりました。

問題解決のスキルは、学校でも会社でも教えてくれない。だから自分の責任で身につけるしかありません。でも日常には問題があふれていますから、練習台はいくらでもあります。

そんな日常の中で、どうやって問題解決力を磨き、鍛えていけばよいのか。それを本書で考えていきたいと思います。

午堂 登紀雄

目次

目次

1章 「問題解決力」が仕事と人生に大差をつける！

◆〝年々、進化する人〟の共通点とは？

僕たちの身の回りには、たくさんの問題があふれています。

その問題の多くは「悩み」や「不安」につながります。

「取引先とのトラブル」などは頭の痛い問題です。「お金がない」というのも深刻な問題です。

でも、それらを解決すれば、悩みや不安は解消されます。つまり幸せな状態が手に入るということです。

1 少数の〝地頭のいい人〟しかまだ使っていない「すごい力」

また、自分の問題解決だけでなく、他人の問題解決をしてあげると、お金が舞い込んできます。

たとえば、経営コンサルティングであれば、経営者の悩み――「M&Aによって販路を拡大したい」「ローコスト体質にして利益率を高めたい」「社員のモチベーションが高まる組織体制をつくりたい」といった問題をコンサルタントが解決すれば、顧客は喜んでくれます。

そして、その対価として報酬をいただけるのです。

足ツボマッサージの店も、「足の疲れという問題を解決する」サービスですし、化粧品も「肌荒れやシミ・シワという問題を解決する」商品です。

僕たちの仕事は何であっても、基本的には「問題解決業」と言えます。他社や他人よりも問題をうまく解決できると、より顧客が集まり、富が集まるというわけです。

しかし今、本当の意味で問題解決のために頭を使っている人はごく少数です。なぜなら、今は考えなくても暮らせる便利な社会だからです。

すべての仕事は「問題解決業」

■どうしたら集客できるのか？
■ビジネスのスキルをアップさせたい
■本業の他に副収入源をもちたい

⇩

他人の問題・要求を
他者により上手く解決できると、
顧客が集まり、富が集まる！

ワンセグやスマートフォンの普及で、いつでもどこでもテレビが見られるようになりました。しかし、テレビでは一方的に向こうから情報が流れてくるので、考える必要がありません。最近では笑うところもテロップが教えてくれるなど「至れり尽くせり」です。

インターネットで検索すれば、世界中の情報が瞬時に手に入りますし、「ウィキペディア」というネット百科事典もあります。よく言う「ググってウィキる」というやつですね。

あるいは自分で調べなくても、「ＯＫＷａｖｅ《オウケイウエイヴ》」や「教えて！ｇｏｏ」に質問すれば、信頼性はともかく回答は、誰かが教えてくれます。

こうした便利さと引き替えに僕たちが失おうとしているものがあります。

それが「思考力」です。

本やネットで調べると、あらゆる問題に、誰かが「答え」を出してくれています。わざわざ自分で考えなくても、その中から自分が気に入った「答え」、都合のよい「答え」を使えばいい。そうすれば、企画書も報告書も論文も、簡単にできてしまう。

しかし、それらはしょせん、他人が編集した「情報」に過ぎません。そもそも情報というのは、本来、「考え判断するための材料」のはず。

集めた情報から何を見出すか、何を考えるか、何を発信するか、そしてどう行動すべきかの示唆を導き出すことの積み重ねが「思考力」をつけるのです。

でも最近、「調べてわかった気」になっている「思考停止人間」が増えているように感じます。「ブーム」などは、その最たる例です。個人個人が自分で考え判断しているのなら、みなが同じ消費行動に走るはずはありませんから。

実際、子供のＩＴ教育と称して、「検索して調べた結果を研究成果として発表する」などということが行なわれているとすれば、日本人の思考能力を奪って従順にしてしまおうという、国家ぐるみの壮大な国民搾取プロジェクトではないかと勘ぐりたくもなります。

いずれにしても、**「考える力」の差が問題解決力の差となり、稼ぐ力、ひいては生きる力の差になってい**ることは間違いありません。

2 「考えよう」という意志のある人、ない人

また、考える力が落ちると問題解決力がつかないばかりか、思わぬところで損をします。

たとえば「コエンザイムＱ10」は老化防止によいとされていて、サプリメントや化粧品の成分としてよく宣伝されています。しかし、実は臨床データではそのような効果は証明されていないのです。つまり、効果が疑わしいものに、僕たちは今まで高いお金を払わされていたということです。

これに限らず、世の中にはいろんな情報があふれていて、騙されそうになります。

「特許出願中」……

Aさん「何か品質の高い商品っぽいから買おう」

Bさん「出願だけなら誰でもできるな。実際どうなんだろう?」

「高齢者にやさしい社会を!」……

Aさん「よし、この人に投票しよう」

Bさん「具体的に何をするのか? 財源はどうするんだ?」

「みんな入会していますから」……

Aさん「じゃあ、ウチも」

Bさん「みんなって誰と誰と誰?」

Aさんは典型的な思考停止人間です。Bさんは、これだけ見ると何となく性格の悪い人っぽく映りますが、表面的な情報で思考停止せず、考えようとする意志が見えます。

世の中には、「あなたにとって、こんなにメリットがあります!」と表現しながら、実は「いかに自分たちがトクするか」という思惑にあふれた情報が蔓延《まんえん》していますから、注意が必要です。

「それは本当なのか」「この表現の真意は何か」「この情報の裏にある本質的問題は何か」ということを常に意識して周りを見回しておかないと、押し寄せる情報に思考が停止し、気がついたら大損させられていた、ということになってしまいかねません。

ですから、問題解決力をつけるため、また知らないうちに損をしないためには、当たり前のことですが、まず〝自分の頭で思考する〟という習慣を徹底していかなければならないのです。

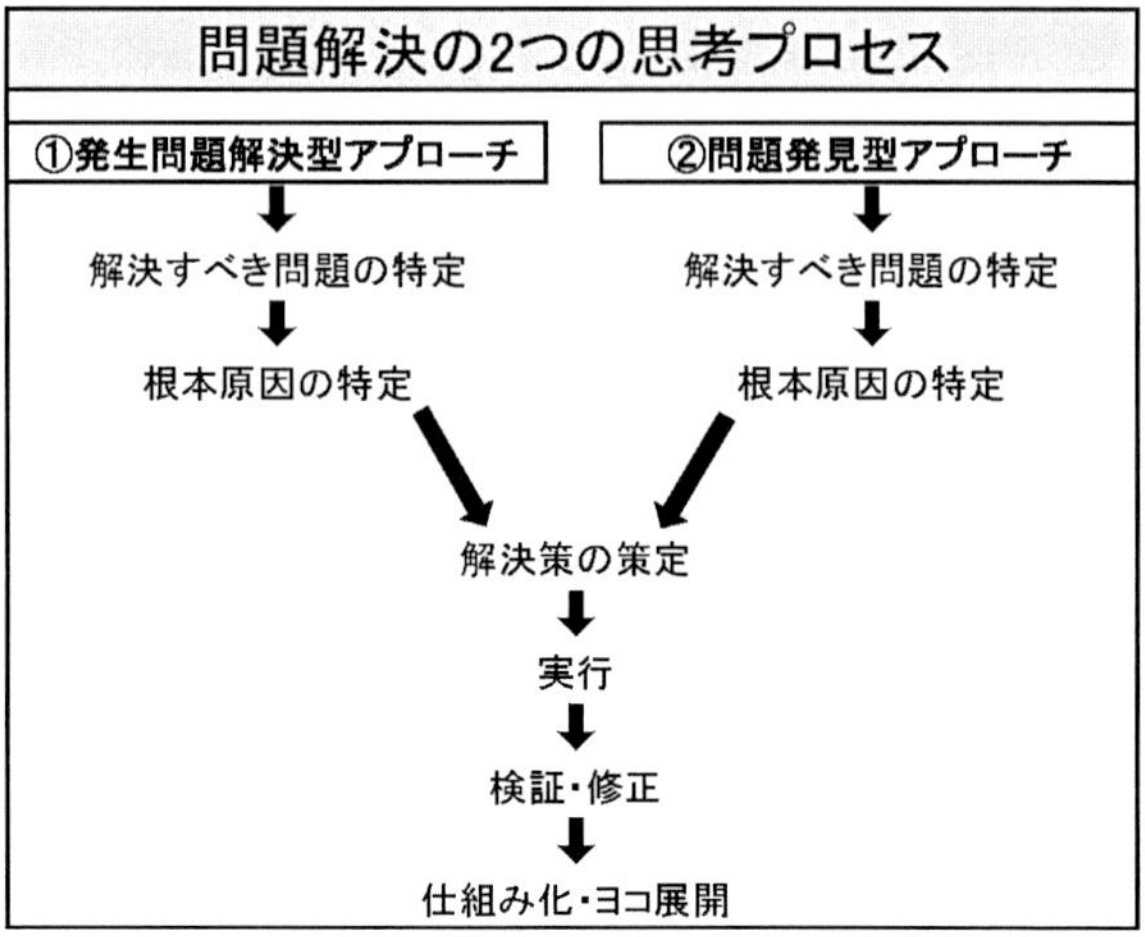

3　問題解決の3本柱は〝論理的思考〟〝仮説思考〟〝ゼロベース思考〟

すでに多くのビジネス書で紹介されているとおり、〝論理的思考〟や〝仮説思考〟は「問題解決力」を高めるために欠かせない思考法です（問題解決のオーソドックスなプロセスは、図のとおり、２つのアプローチがあります）。

そして、こうした「基本」に加え、非連続で環境が変化する時代に必要となるもうひとつの思考法があります。

たとえば、「寒天の市場規模を今の10倍に増やす提案をしてください」と問われたら、どういう方法を考えますか？

「デザートやお菓子など新しい料理レシピを紹介する」「人間用だけでなくペット用のダイエット食品をつくる」などが、ぱっと思い浮かぶと思います。しかし、既存の用途の発展だけでは、10倍にすることはちょっと難しい。

しかし、「寒天＝食べ物」という前提条件を外すと、実現可能性は別として、「建材として加工する」「燃料にする」という方法が出てきます。

これこそが、今までの経験や常識、前提条件をはじめ、あらゆる制約をゼロクリアして、まっさらな状態で考えなおすことのできる思考の柔軟性、〝ゼロベース思考〟です。

ビジネスにおいても、たとえば、「生命保険はセールスレディがＧＮＰ（義理・人情・プレゼント）営業でとってくる」という生保業界の常識を、「男性の営業マンが必要な保険を組み立てる」という方法で切り崩したのがプルデンシャル生命でした。

また、「携帯電話の端末は買い切り」という業界ルールをひっくり返して、割賦《かっぷ》販売を新スタンダードにしたのがソフトバンクモバイルだったのです。

環境変化が激しいのは、今さら言うまでもありません。新しい技術が開発されれば、できることが変わる。プレイヤーが増えたり強くなったりすれば、やるべきことが変わる。法規制が変われば、土台そのものが変わる。

個人生活も同様です。税制が変われば、資産防衛の方法も変わる。学校教育が変われば、子供の育て方も変わる。

それなのに「昔からこれでうまくいってきた」「この業界はそういうもの」「昔やったけどダメだった」「このままでも何とかなるんじゃない？」などと言っていると、他社・他者に出し抜かれてしまいますし、お金がからめば損してしまいます。

もちろん、経験を積めばたくさんの事例やトラブルが自分の中に蓄積され、いろんな問題に対応できるようになります。

しかし、経験を積んでもなお、思考に柔軟性があり、ものごとをゼロクリアし、視点を自由に変えることができれば、見えるものが変わってきます。

他人には見えないものが見えてきて、それがビジネスチャンスになったり、ブレークスルーを生んだりします。

今や、どんな職業においても、普通にマジメにやっているだけでは、成果も給料もなかなか上がりません。

自分の頭で考えること。視点を自由自在に動かすこと。先入観にとらわれないこと。ものごとの本質を見極めようとすること。

そして、当然ですが、成果を出すこと。

それが、**オリジナリティにあふれる付加価値**につながります。それができる人材に、チャンスもお金も賞賛も集まります。

これこそが、僕たちビジネスパーソンに求められる問題解決力です。

4 〝思考のロック〟を外すための「7つのカギ」

しかし、「では、どうやったら自分の頭を使えるんだろう？」と感じる人も多いと思います。

そこで、問題解決の具体的な技法の説明に入る前に、まずはこれまでの〝思考のロック〟を外すための「7つのカギ」について見ていくことにします。

①「固定観念」を捨てる

クイズです。

第1問「英語で、トラはタイガー、ゾウはエレファント、ではカッパは？」

レインコートですよね。

第2問「英語で、頭はヘッド、顔はフェイス、胸はバスト、胴はウエスト、おしりはヒップ、では、あそこは？」

ゼア（there）ですよね。

僕たちの思考は勝手に類推しようとします。これは想像力の根幹を成す大切な思考パターンでもあるのですが、行き過ぎると先入観という「固定観念」になって、思考がロックされてしまいます。

第3問「左に3つの点があります。この3つの点をすべて通るように、1本の直線を引いてください」

答えは「極太マジックで引けば1本で引ける」です。そもそも「線とは細いもの」という思い込みがあると、こういう答えは出てきません。

日常の中にも、思い込みで思考がロックされてしまうことはたくさんあります。

《第3問》

たとえば「学者は正しいことを言う」という固定観念などはわかりやすいでしょう。いわゆる「権威主義」というものです。

だいぶ昔になりますが、「旧石器ねつ造事件」を覚えていますか？「神の手を持つ男」と賞賛されていたある大学教授の、90％以上というあり得ない石器発見率を、誰も疑いませんでした。

これなどは考古学会の思考停止状態を露呈していますし、それを鵜呑みにして報道していたマスコミも思考停止していたわけです。

固定観念は、かくも僕たちを思考停止に追いやり、ものごとを適切に見る目を奪ってしまうのです。

②「常識」を疑う

ほんの少し前まで、「デザートは女性が買うもの」という常識がありました。

しかし、実はコンビニのデザート需要は男性が7割を占めていたのです。

男性にも甘いもの好きは多いですが、専門店やデパ地下などには行かないので、コンビニがメインの購買場所になっていたわけです。

そこに目をつけた商品、男性向けの「ビッグプリンアラモード」をつくったところ大ヒットしました。

かつて大型スーパーができる時、地元商店会は客を奪われると大反対しました。でも、大型スーパーのおかげで商圏人口が増え、地元商店も活性化したところもあります。

競合店舗ができると、本当に売り上げは落ちるのでしょうか？　では、上野のアメ横は1店舗になったら売り上げが激増するのでしょうか？

競合店ができることで、一時的な売り上げ減があるかもしれませんが、業態によっては集積が「選ぶ楽しさ」につながり、人が集まり活性化する場合もあります。

たとえばラブホテルなどは、競合が増えれば増えるほど集客力が増すってご存じですか？　ラブホは最初から行くところを決めている人はほとんどいません。それよりも、「あの辺りに確かいくつかあったから……」という感じで、エリアを目指して行きます。

そして、仮に目指すホテルが決まっていたとしても、そこが満室だからといって、あきらめて帰る人は少数派でしょう。

つまり、ラブホテルというのは、極めて集積効果が効く業態なのです。

「デフレ」という言葉が紙上などに踊ると、みな「低価格にしないと売れない」と信じ込みます。かつてマクドナルドが低価格攻勢で市場を席巻すると、みな、低価格商品を出しました。ユニクロがフリースで一世を風靡《ふうび》した時、みな低価格フリースを出しました。

でもその陰で、1個300円もするこだわりおにぎりを提供するファストフードチェーンが急速に店舗を増やしました。アメリカから1本5000円で仕入れたジーパンが、日本で「ヴィンテージ」として5万円で売れています。

常識にとらわれると、思考が画一化し、横並びの発想になってしまい、新しいチャンスの発見が遅れてしまうのです。

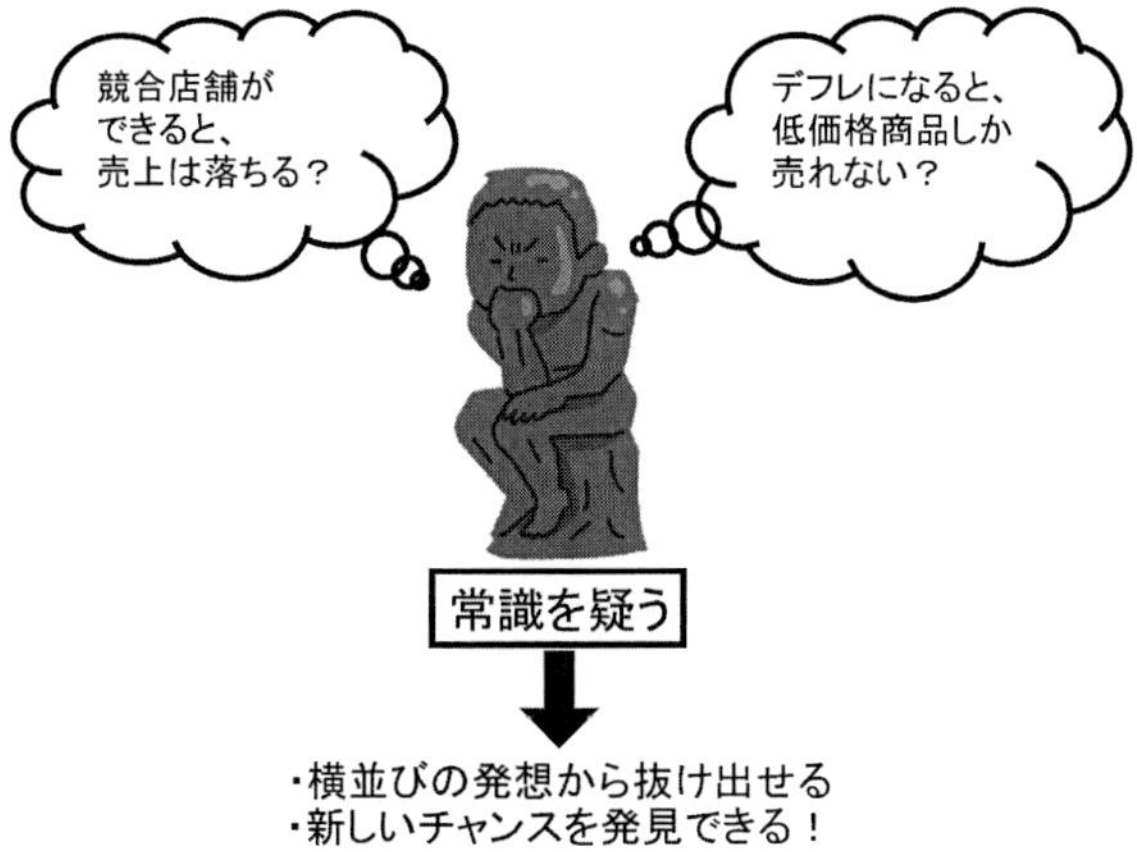
競合店舗が
できると、
売上は落ちる？
デフレになると、
低価格商品しか
売れない？
常識を疑う
・横並びの発想から抜け出せる
・新しいチャンスを発見できる！

③「感情」に流されない

「坊主憎けりゃ袈裟《けさ》まで憎い」という言葉があるとおり、僕たちは感情で分析し、感情で判断してしまいがちです。

たとえば、ムカつく上司が何か言うと、すべてムカつくように聞こえます。好きな人から「がんばってね」と肩をたたかれるとうれしいですが、嫌いな人から同じことをされるとセクハラになります。

過去に株で損したことがあると、恐怖心でなかなか株式投資に戻ってこられない人も多くいます。かつてバブル崩壊の折に、不動産投資で傷を負った人の中には、今でも不動産はバクチだと思っている人がいます。

それに、僕たちは見たいものは見えるけれど、見たくないものは目に映らない傾向があります。

かつて、本州と淡路島を結ぶフェリーを運航する会社がありました。しかし、本州四国連絡橋（瀬戸大橋）建設が決まり、フェリー事業の衰退が予見されました。けれど、そのフェリー会社の経営陣は何も対策を打たなかったのです。

「経営がうまくいっているうちに会社を買ってもら

う」などの方法がとれたはずですが、現実を見ようとせず、結局この会社は橋の完成後、廃業してしまいました。

反対に、フェリー事業を早めに見切り、貸借対照表がきれいなうちに（キャッシュフローが黒字で純資産がプラスなうちに）会社を身売りすることで、従業員の雇用を守った会社もあったそうです。

同様に、誰しもクレームには耳をふさぎたい。予算未達とか株価の下落とか、悪い報告は聞きたくない。でもそうすると目が曇り、見るべきものが見えなくなります。

人生においても同じです。

「5年後もまだこの仕事は存在し、自分はこれに打ち込めるのか？　10年後は何で稼いで食べていくのか？」

いったん本書を閉じて、考えてみてください。結構難しいと思いませんか？

実際、そんなことを考えなくても、日々の生活には困らない。

感情はかくも僕たちの目を曇らせ、思考をロックさせてしまうのです。

④「言葉と価値観」に縛られない

深く考えずに使っている「言葉」が、思考を停止させていることもよくあります。

「キミの提案は小手先の改善であって、根本的な解決にならないよ」

なんだか賢いことを言っているような気がします。でもよく考えてみてください。何が小手先で何が根本的なのか、それらはどこで線引きされているのでしょうか。

「取引先の株価が下がっている。あぶないかもしれないから取引は要注意だ」

確かにそうかも、と納得してしまう意見です。でも株価の変動と会社の支払い能力とは、本来は何の関係もありません(支払いが滞ったとの情報がモレて株価が下がった、ということも考えられますので、調査は必要かもしれませんが)。

その他にも

「金融秩序の維持が優先でありまして」
↓金融秩序とは具体的に何か？　なぜそれが優先なのか？

「倫理的に問題があると思います」
↓倫理的な問題とは具体的にどういうことか？

「そんな発言は許されない」
↓なぜ許されないのか？　誰が許さないのか？　許さないとしたら何をどうするのか？

「若者の言葉の乱れ。こんなことでよいのでしょうか」

↓結局何が言いたいのか？　問題提起なのか？　自分の意見なのか？

「構造改革を進めなければならない」
↓具体的にどういう改革が構造改革なのか？

このように、難しそうな言葉、抽象的な言葉、道徳的な言葉、もっともらしい言葉を聞かされると、私たちは安易に「そうか」と思考を停止させてしまいがちです。

抽象的な言葉ほど、具体的・批判的に受けとめる必要があるでしょう。

⑤「成功体験」を忘れて前進する

僕は最近、明治維新から太平洋戦争までの歴史書をよく読んでいます。

戦争そのものの是非は別として、戦いは命のやりとりですから、生き残ることは究極の問題解決だと言えます。

いろいろな文献を読むと、どうも第二次世界大戦で日本軍が敗退した要因のひとつに、成功体験にとらわれてしまったことがあるようです。

ガダルカナル島での敗退も、インパール作戦の大失敗も、日本軍がかつて大勝利を収めた日露戦争の成功体験を捨てきれず、過去と同じ戦法を繰り返し、それを連合国軍が調べて手を打っていたことが大きな原因です。

米軍の記録にも「日本軍が前回と同じ戦法をとってきたからラクだった」「日本軍は同じことの繰り返しだ」とあります。

特攻隊の攻撃が効いたのも最初の1回だけ。あとはもう完全に読まれていました。だから戦艦や空母に体当たりする前に撃墜されてしまいました。

思考停止した日本軍司令部のせいで、多くの兵士が戦わずして命を落とす結果になったのです(僕の祖父もフィリピンに向かう途中で戦死したそうです)。

経験は大切ですし、必要です。

経験を積めば積むほど、一般的には問題解決力が向上します。

しかし、行き過ぎると「そうであるはず」という思い込みに陥ってしまう。時として自分勝手な価値観で判断してしまう。

耳タコの言葉ですが、問題解決力を手に入れるには、「過去の成功体験にとらわれてはいけない」のです。

⑥「マスコミ情報」「仕掛け」に踊らされない

かつてテレビの健康番組でココア特集を見てココアを買った人は、今でも飲んでいますか？　ヨーグルトは？　ビリーズ・ブートキャンプは続いていますか？

世の中には「仕掛ける側」と「それに踊らされる側」がいます。流通企業のマーケティング本部で仕事をしていた時、僕は明らかに仕掛ける側にいたわけですが、仕掛けると消費者は踊るものだ（つまり狙い通りに買ってくれる）ということを実感しました。

かつて甲子園にハンカチ王子が現れて、同じハンカチが飛ぶように売れました。彼らは本当にハンカチが欲しかったのでしょうか？

もっと前は「だんご3兄弟」がブームになり、「本物の串だんご」が飛ぶように売れました。彼らは本当にだんごを食べたかったのでしょうか？

消費を左右するのは「空気」です。その空気を支配しているのは、実はマスコミなのです。

たとえば、最近よく「消費不況」とマスコミで報道されますが、個人の可処分所得は減っていないし、iPhoneなどのスマートフォンや、PlayStation4、Nintendo Switchに代表されるデジタル機器は売れています。

また、日本の金融機関の不良債権問題がよく取り上げられていた頃は、「不良債権処理が進まないと景気回復は遠い」と報道されていました。しかし、金融機関の不良債権問題と個人消費とは、本来はあまり関連性がないのです。でも、こうした報道が繰り返されると、個人の消費意欲が減退し、本当に不景気になってしまうんですね。

僕たちは、かくも簡単に企業の仕掛ける宣伝やマスコミ情報に踊らされてしまいます。

問題解決力を高めるためには、マスコミや企業の宣伝は批判的に見る習慣を持つことです。

⑦「知識・情報」を過信しない

次にやっかいなのは知識です。

もちろん知識は重要です。

知識が3つしかなければ、4つの組み合わせしかつくれませんが、知識が10あると、36万2880通りの新しい組み合わせをつくることができます。また、世の中には知っているか知らないかで大きく差がつくこともあります。

たとえば放送大学は入学金1万円と1科目分の2万円、合計3万円払えば学生になれます。すると新幹

線やパソコンソフトの学割が使えることを知っていましたか？（しかも、この学生証は10年間有効です）

しかし、知識は時に問題解決を邪魔します。

たとえば「ＩＴ投資が生産性を高める」という知識にとらわれてしまうと、経営革新の方法をＩＴ導入ありきで考えてしまいます。何億円、何十億円もＩＴ導入に費やしたのに効果が上がらず、多額の資金を無駄にした企業が山ほどある一方で、人の配置や会議の運営方法を変えたりするだけのコストゼロ策で生産性を上げた企業もあります。

天動説全盛の時代に地動説を唱えたガリレオは、宗教裁判にかけられました。

「常識とは総合された偏見のことである」とはアインシュタインの言葉ですが、それくらい僕たちの思考は常識にはまりやすいし、「常識を疑う」のは非常に難しい。

だからこそ、常識を疑い、フラットな視点を持つことができれば、人より抜きん出ることができるということです。

〝思考のロック〟を外す７つのカギを、ぜひ意識してものごとを見るようにしてみてください。

さあ、〝準備体操〟が終わりましたので、いよいよ次章から、具体的な問題解決の方法、技術について紹介していきます。

【この章のまとめ】

◇すべての仕事は「問題解決業」である

◇問題解決力を高めるには、「自分の頭」で考え抜く習慣を持つこと

◇問題解決の３本柱は〝論理的思考〟〝仮説思考〟〝ゼロベース思考〟である

2章　まず、問題の「真因」を見極める

◆こうすれば〝発見力〟が10倍アップする

さて、問題を解決するのが問題解決ですが、そもそも、「何が本当に問題なのか」を発見できなければ、解決することもできません。

そこで、この章では「真の問題点を発見していくにはどうすればよいのか」「どうしたら、問題を発見する力が高まるのか」について書いていきたいと思います。

1　見えない問題を〝見える化〟するには?

すでに問題がはっきりしている場合はともかく、僕たちの身の回りには、実は普段気づかない問題が眠っています。というより、問題を問題と認識できていない場合がある、と言ったほうがわかりやすいかもしれません。

そして、ビジネスにおいて〝問題〟を発見できずに放置していれば、最悪の場合、取引停止、事業撤退、倒産といった深刻な結果を招くことになりかねません。

たとえば、デジタルカメラの普及は、「写真はフィルムで撮って現像に出すもの」という常識を塗り替えました。

「デジカメの普及」を自社の問題点といち早く特定した富士フィルムは、積極的にデジカメ市場に乗り出し、銀塩フィルムの縮小という危機を乗り越えました。

反面、デジタル化に乗り遅れたアグフアは破綻、イ

ーストマン・コダックも苦境にあえぎ、コニカとミノルタは、生き残りをかけて経営統合しました。

同じ状況を見ても、それをどう読むかで、結果は大きく変わってしまうのです。

2 それは本当に「解決すべき問題」なのか

また、重要なのは、**「それが本当に解決すべき問題なのか」を見極めること**です。

実際、「問題のとらえ方が浅い」とか「問題設定そのものを誤っている」とか、「解決しても意味がないことに頭を悩ませている」ことも多いのです。

「本当は何を解決すべきなのか？」

これは思いのほか難しいのですが、ここを意識することがまず大切になります。

あなたの勤めている会社、所属している部署には、いくつかの懸案事項があると思います。また、あなた自身が直面している問題もあるでしょう。

その中のどれかひとつについてでも、「本当に解決すべき問題はこれである」と自信を持って答えられるでしょうか。これ、結構難しいんですね。

経営コンサルティングの場合も、最初はここにフォーカスします。ここがずれていれば、すべてハズしてしまいますから。

3 「コントロール可能なこと」に意識を集中する

本当に解決すべき問題を見つけるためには、まず**「コントロールラブル」と「アンコントローラブル」を区別する**という視点を持つことです。つまり、「自分の力でコントロールできること」と「できないこと」を見分け、**コントロール可能なことに注力する**、ということです。

たとえば、元メジャーリーガーの松井秀喜氏もこう言っていました。

「周りの言うことや他人の打率は自分でコントロールできないですから、そんなものをいちいち気にしてはいられません。だから僕はマスコミが何か言ったからといって、発奮することはないですし、落ち込むこともありません」

ビジネスにおいても同様で、「週末だから」「悪天候だから」「人口が減ったから」「ケータイが普及したから」「景気が悪いから」……といった「自分にコントロールできないこと」を盾に、問題解決ができない言い訳をしてしまうことが往々にしてあります。

悪天候で客足が遠のき売り上げが落ちるのは、「問題」ではなく、単なる「事業特性」です。

ケータイが普及して若者のお金の使い方が変わったのは「環境変化」です。

そこにフォーカスしても、自分ではどうしようもないですから、認識するにとどめ、議論などに時間を費やさない。

コントロール可能なこと、コントロールできないことを冷静に見極め、コントロール可能なところに意識をフォーカスしていけば、解決すべき問題が自ずと明らかになります。

4　問題発見力を高めるための「5つの力」

また、問題発見力を高めるためには、普段から〝意識して世の中の事象を見る〟ことを習慣にする必要があります。

その意識の持ち方ですが、**「5つの力」**を磨いていくと、**〝意識して見る〟**ことの精度が飛躍的に上がっていきます。以下に、その「5つの力」について書いていくことにしましょう。

①「質問力」

まず、問題発見力をつけるためには、**「質問力」を鍛える**ことです。

優秀な医者・弁護士・コンサルタントは、みな質問がうまい。彼らは、**質問こそが問題の本質に切り込**

み、解決策を導き出す有力な方法であると知っている
からです。

◆仮説を持って、具体的に聞く

それでは、コンサルタントとして僕が心がけている
「問題を発見する質問法」について、ご紹介します。
まずは**「仮説を持って、具体的に聞く」**ということ
です。

たとえば、クライアントからある赤字部門の立て直
しについての依頼があった時、その部門の社員に、あ
なたならどんな質問をするでしょうか。

「なぜ、この部門の業績はいつもよくないのでしょう
か？」

こんな聞き方をすれば、相手は気分を害し、口をつ
ぐんでしまいます。なぜなら、あなたの部門が悪い、
という前提で聞いているからです。誰だって自分の
仕事を批判されたくはありません。

そうすると、本当の問題や原因に近づくことが困難
になります。

仮説の上ではそうであっても、相手が話しやすくな
る雰囲気をつくらなくてはなりません。

では、次の質問はいかがでしょうか？

「あなたの部門が抱える問題点って何でしょうか？」

まだ漠然としています。相手が部門長クラスなら、
これでも答えは得られますが、一般社員であれば答え
られないかもしれません。相手の能力に依存するよ
うな質問も避けたほうがよい。

そこで仮説を持って、具体的な質問をします。

「あなたの部門が抱える問題点って何でしょう
か？　たとえば組織が重複していて、他の部門と業務
がかぶったりすることはありませんか？　あるいは、
クライアントからの意見が届かないとか……」

このように質問すれば、相手は能力のなさを責められている気持ちにもならず、「普段から問題に思っていたこと」などを赤裸々に話してくれるのです。

医者が問診で患者の問題を探るように、**適切な質問が問題や問題の原因を導き出し、適切な質問が解決策を生む。**

そして、**適切な質問が人を動かす**ことにもつながります。

質問力があれば、自分に専門知識や経験がなくても、だいたいの問題の真因は発見できてしまうものです。

ピーター・ドラッカーは『新訳　現代の経営』の中で、「重要なことは、正しい答えを見つけることではない。正しい問いを見つけることである」と言っています。

質問力とは問題解決に不可欠のスキルなのです。

◆質問ひとつで問題点が掘り下げられていく

また、あいまいな点をはっきりさせ、問題やトラブルを未然に防ぐためにも質問が有効です。

「企画の概要をざっと書いて送ってくれ」
↓「ざっと」ってどのレベル？　箇条書き程度でいいのか？

「もうすぐ完成します」
↓もうすぐって、どれくらい？　2、3日？　それとも1週間？

「多少のコストダウンが可能です」
↓多少っていくら？

「短期的には上昇するでしょう」

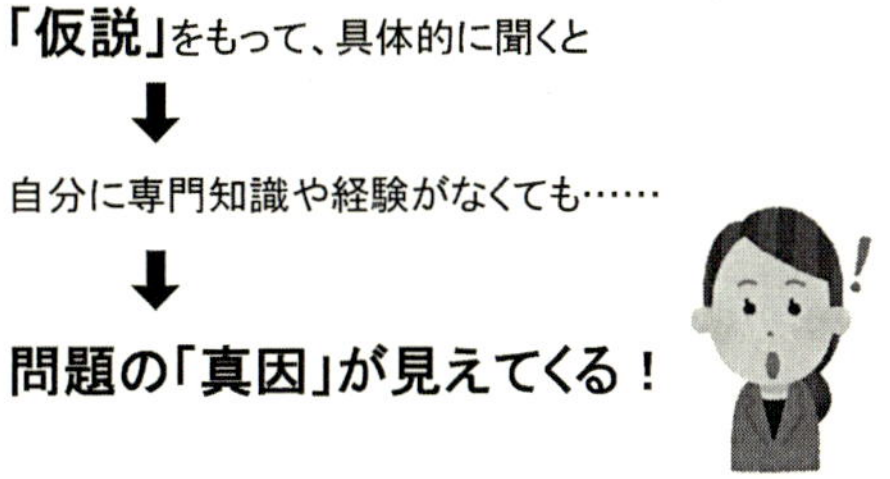
「仮説」をもって、具体的に聞くと
自分に専門知識や経験がなくても……
問題の「真因」が見えてくる！

↓短期的の短期って、どのくらい？　1週間？　それとも1カ月？

人によって認識が異なるものは、質問してはっきりさせておかなければ、後で大きな問題になりがちです。

新しいことを始めようとする時に決まって出る反論、「時期尚早」「前例がない」「失敗したらどうする」。こんな一言にも、チクリとした質問で切り返したいものです。

「では、どういう状態が適切な時期なのでしょうか？」

「では、いつ、誰が、どうやって前例をつくればいいのでしょうか？」

「仕事って、やったことがあることだけをすることですか？　それとも、やったことがないことにもチャレンジすることですか？」

人間には、道がないからと引き返す人と、道をつくる人の2種類がいます。問題解決で重要なのは、もちろん後者ですよね。

◆トヨタに学ぶ「問題発見」の技術

有名な話ですが、トヨタでは問題を発見し、改善に結びつけていくために、「『なぜ』を5回繰り返せ」が合い言葉になっているといいます。

『トヨタ生産方式』という本の中に、次のような例が紹介されています。

1　「なぜ機械は止まったか」
↓オーバーロード（過重負荷）がかかって、ヒューズが切れたから

2　「なぜオーバーロードがかかったのか」
↓軸受部の潤滑が十分でなかったから

3「なぜ十分に潤滑しないのか」
↓潤滑油をポンプが十分くみ上げていないから
4「なぜ十分くみ上げないのか」
↓ポンプの軸が摩耗してガタガタになっているから
5「なぜ摩耗したのか」
↓ストレーナー（濾過器《ろか》）がついていないので、切粉（削りカス）が入ったから

この5回の「なぜ」を繰り返すことで、ストレーナーを取り付けるという対策が発見できたのです。

もしここまでやらなければ、「ヒューズを交換する」とか「潤滑油を注ぎ足す」程度で終わり、結局、後で同じトラブルが再発することになります。

こうしたプロセスのことを、トヨタでは**「真因に手を打つ」**と言いますが、これこそがいわゆる「本質的な問題解決」というものです。

表層的な現象に手を打とうとするのは、根本原因にたどり着くまで深く掘り下げて考える知的体力が鍛えられていないから、ということもありますが、「問題発見」の方法論を知らないことも大きな要因でしょう。

②「数字力」

また、問題を発見する力を高めていくためには、「数字を読める」「数字のレトリックに惑わされない」ということが重要になってきます。

といっても、何も決算書がスラスラ読めなくてはダメということではありません（もちろん、読めれば、それにこしたことはありませんが）。

セブン＆アイ・ホールディングスの元会長である鈴木敏文氏は、「数字は一つの物差しに過ぎません。大切なのは、数字を窓口にしてその奥にある現実と対話することです」（『鈴木敏文の「本当のようなウソを見

抜く」』）と言っています。

つまり、**数字が語っている〝本質〟をつかめるようになることが大切**なのです。

「ある商品が10個売れた」と言っても、10分で売れたのと、10時間で売れたのとでは、意味合いが全く異なります。似たような商品が他にあっても売れたのか、あるいは他が売り切れていたから仕方なくその商品が買われたのか、といったことも考えないといけません。

広告や販促に従事している人なら知っていますが、世の中にはいろんな数字があふれていて、ついついそれに惑わされてしまいます。

たとえば、

「95％無脂肪乳ヨーグルト」

「脂肪分5％ヨーグルト」

どちらが売れるでしょうか。脂肪分は同じですが、売れるのは前者なんですね。健康を意識する人に響くからです。

手術をするかどうかを聞かれて、医者から「失敗可能性30％」と言われるのと、「成功可能性70％」と言われた時と、どっちなら手術を受けようと考えるでしょうか。

これらは表現の違いによるもので、マーケティングの世界では当たり前のことです。

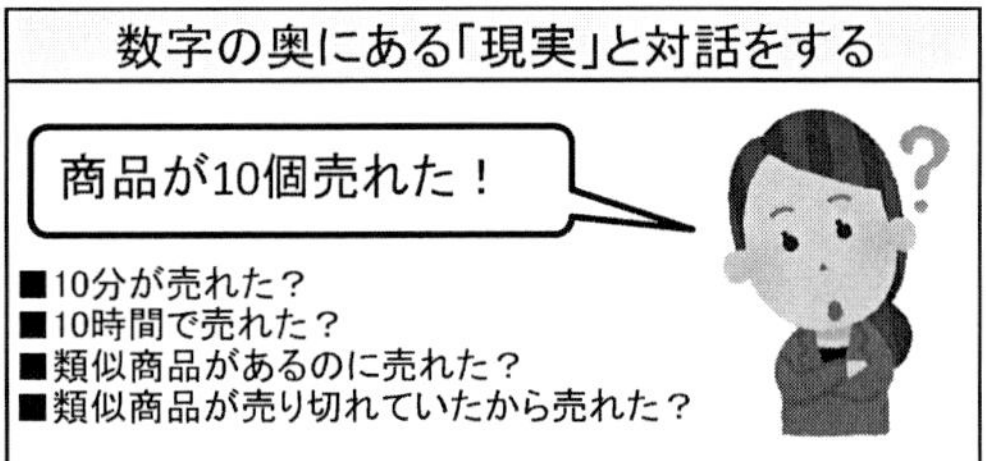
数字が語る「本質」をつかめることが大切！

僕たちは数字で示されると安易に納得してしまう傾向がありますから、問題解決力を高めるには、常に「その数字が語っている意味は何か」を意識すべきです。

◆この〝100億円の投資案件〟、あなたならどう判断する?

たとえば、あなたがカルロス・ゴーンのように、低迷気味の自動車メーカーのCEOとして送り込まれたとします。

その会社は二酸化炭素排出量ゼロの画期的なエンジンを開発するために、すでに100億円を投資しています。このプロジェクトが8割ほど進行していた時、競合メーカーが全く同じ機能を持つエンジンを開発し、しかも自社の商品より安くてコンパクトに製造できることがわかりました。

さて、あなたがCEOなら、残りの2割を投資して、このエンジンを完成させますか?

今まで使った100億をムダにするくらいなら、20億を追加投資してでもエンジンを完成させたほうがよいと考える人もいるでしょう。

しかしこれは、これまで投資した100億円が「サンクコスト」(すでに投下した資金のうち、どんな選択をしても回収不能になった費用のこと。埋没費用、埋没原価とも言われる)であることを見逃している典型例です。

同じ質問を言葉を換えて、今までかかったコストはゼロだけど、ライバルメーカーより劣る製品をつくるために20億円を使うかどうか、と聞くと、「NO」と答える人が大半だと思います。

でも、100億円を投資した後の追加20億円も、新規に20億円かけるのも、結果は同じなんですよね。

数字のレトリックは、他にもたくさんあります。

たとえば、オリンピックやワールドカップなどのイベントが、「〇〇億円の経済効果」「GDPを△%押し上げる」などと表現されることがあります。

しかし、よく考えると、この試算はある一側面しかとらえていないということがわかります。なぜなら、何かのイベントの裏側では、マイナス効果がもたらされることもあるからです。

たとえばオリンピックやサッカーワールドカップ

などであれば、薄型テレビやＨＤＤレコーダーなど家電業界が盛り上がる一方で、家でテレビを見る人が多くなるため、外食産業などは落ち込みます（実際、僕はここに目をつけて、下落した外食企業の株を買い、イベントが終わった後に回復したところで売って儲けました）。

それに、オリンピックが終わった後の負の遺産も見逃しています。誰も使わなくなったホールや競技場の管理に、年間数億円も垂れ流されているのはよくあることです。

経済統計も同じです。

先日、あるマーケティング会社が広告出稿の営業に来ました。そのマーケティング会社が保有している会員の平均年収は3千万円だから、不動産コンサルティングの広告を出すには適していますよ、というのがセールストークでした。

しかしよく見ると、会員のボリュームゾーン（最も母数が多い集団）は年収1千万円であり、年収が3億円や6億円もある超富裕層が平均を押し上げていただけでした。

こんなところからも、数字を疑えば、いったい何が本当に重要なのかが見えてきます。

③「瞬間視力」と「立体視力」

このような数字のレトリックを盲信したり、それらに振り回されたりしないためには、**「瞬間視力」と「立体視力」を磨く**ことです。

「瞬間視力」とは、必要な情報を瞬間的に知覚する能力を言い、**「立体視力」とは、ものごとの相対的な位置関係を認識する能力**のことを言います。ふたつとも、スポーツ生理学の世界で使われている言葉です。

たとえば元プロサッカー選手の中田英寿さんや元ＮＢＡプレイヤーの田臥《たぶせ》勇太さんは、いずれの視力も優れていると言われていて、試合中は上空から俯瞰《ふかん》するがごとくピッチ全体、コート全体の映像が頭に浮かぶらしいのです。

このふたつは、簡単に言うと、**「全体をざっくり理解する能力」**と言えるでしょう。

◆プレリサーチで素早い判断を心がける

たとえば、上司であるあなたが、部下に新しい市場の有望性を聞いた時に、

「情報が少ないので何とも言えません」

と安易に返事をされたら、どう感じるでしょうか。きっとあなたは「ちょっとは考えろよ……」と思うでしょう。

ビジネスにおける「瞬間視力」が高い人は、たとえばプレリサーチ（ちょっとした調査）で、「とりあえず有望な市場だ」「あまり儲かりそうにない」という大枠の判断が素早くできます。

情報量が少ない中で、自分なりの仮説を立てて意思決定できるという意味では、瞬間視力はビジネス環境の変化が早い現代のビジネスパーソンには必要なスキルです。

後述しますが、この瞬間視力は、最近有名になった「フェルミ推定」（把握するのが難しい数量を、仮説を組み合わせて概算を求める方法）で鍛えることができます。

◆たくさんの「モノサシ」を持つ

次に、ビジネスにおける「立体視力」の高い人とは、比較軸を持っている人です。

たとえば僕の会社がある東京・南青山は、日本でも有数の地価が高いエリアです。では、そこの土地の価格が坪1000万円と聞いてどう思いますか？

「ん〜、何か高いような気もするけど、青山ならそんなもんかな」

と感じるでしょう。

では、ビッグマックが1個3000円と聞いてどう思いますか？

「高い！」

ですよね。

比較軸を持つことによって、今考えているオプションが、高いのか安いのか、よいのか悪いのかといった、相対的にどのレベルにあるかの見極めが容易になります。

比較軸をつくるには、一流を経験する、という方法も有効です。

たとえば、ホテルのよし悪しを判断する時、僕にとっては沖縄のブセナテラスのコテージプランが最高ランクだったので、そこを基準にしています(もちろん値段が違うので、一概には言えないのですが)。

自分の「比較軸」を持つと、世間で喧伝《けんでん》されている情報に、いたずらに振り回されることが少なくなります。数字そのものが大きいとか小さいとか、感情で反応しないように留意しましょう。

④「情報収集力」

また、問題発見力を高めるためには、多様な情報源にアクセスするとともに、**自分の足で情報を収集する習慣をつける**こと、また**情報を盲信しない**ことです。

たとえば、みなさんは毎朝、新聞を読んでいますか?

僕も以前は、毎朝、日経新聞を読んでいました。でも、今はセミナーで使う資料収集のために、1週間に一度、まとめてざっと目を通しているだけです。しかし、その結果、情報源の偏りがなくなり、ものごとを多面的に見ることができるようになりました。

「とりあえず日経新聞だけ読んでいれば安心」というひとつの情報源に頼る安易な方法を消したことで、幅広く情報を集めるようになったからです。

すると、新聞の論調を批判的に眺められるようになり、僕は今まで、情報を一元的にしかとらえていなかったんだと気づきました。そして、「複眼的に」とらえようと努力を始めました。

◆情報にはいつも〝バイアス〟がかかっている前提でつき合う

たとえば、公示地価の2年連続上昇を受け、ある日の読売新聞にこんな記事が出ていました。

「持ち直し、着実に拡大」

同じ日の日経新聞には、こう書かれていました。

「地価、広がる不透明感。減速の予兆、随所に」

公示地価上昇という同じ現象ながら、二紙の報道は正反対とも言える切り方です。

読売新聞の報道を鵜呑みにすると、不動産を買おうという判断になるかもしれません。

日経新聞の報道を鵜呑みにすると、不動産を買うのは控えようという判断になるかもしれません。

どちらも正しいし、どちらも間違いです。というのも、場所がよければ高値で活発に取引されていますし、よくない場所なら価格は下がる一方だからです。

「一般市民視点」の読売新聞と、「資本家視点」の日経新聞では、同じ新聞媒体でも、情報源（ここでは立場の違いとも言えます）が違えば違うメッセージを発するということです。

僕たちは、日々多くの情報に触れていますが、その情報にはバイアスがかかっている場合があります。なぜなら、その情報をつくっているのは「人」だからです。

すべからく、あらゆる二次情報は誰かのフィルターを通しており、偏りがある、という前提で見るべきです。

反対に、最も貴重なのは自分の足で集めた一次情報です。たとえば自分で直接取材して手に入れた情報、自分の目で見て確かめた現象、そして、それらを通じて自分がどう考えたかという示唆。これは自分にしか得られない情報ですからね。

⑤「客観力」

見えない問題を見つけ出す5つ目の力は、**「自分視点」を抜け出し、「相手視点」でものを見る**こと、つまり**「客観力をつける」**ということになります。

◆〝独りよがり〟なままでは問題解決力は高まらない

〝自己中心的な人〟で、問題解決力の高い人を、僕は見たことがありません。

自分を中心にすると、「自分のせいじゃなく、相手が悪い」となって、問題の原因を発見することも解決することもできません。独りよがりな「自分視点」を抜け出し、「相手視点」でものを見る努力が問題解決力をつけるためには欠かせません。

多くの人は新入社員や転職者に「もう会社には慣れた？」「早く慣れろよ」と声をかけますが、問題解決の観点からは全く逆で、慣れてしまうと売る側の立場になり、顧客視点での問題点が見えなくなってしまいます。

たとえば、客の時は客の視点でコンビニの文句を言いますが、コンビニの店員になったとたんに顧客視点を忘れ、商品の陳列に一生懸命で、客がレジに並んでいても知らん顔になります。

「サポート体制の強化に力を入れています」と言いながら、パソコンのサポートセンターに電話がなかなかつながらないのもよくある話です。

このように、僕たちは、あっという間に「顧客」の視点を忘れてしまいます。ですから、〝自分中心発想〟になっていないか、自己チェックが常に必要ということなのです。

これで、問題を発見する力を高める「5つの力」を紹介しました。

次章からは、いよいよその問題を分析する方法論、思考の枠組み（フレームワーク）について書いていきたいと思います。

【この章のまとめ】

◇「本当は何を解決すべきか」を目極めることが、問題解決の第一歩

◇「自分の力でコントロール可能なこと」に意識を集中することで、解決すべき問題が見えてくる

◇①質問力、②数字力、③瞬間視力と立体視力、④情報収集力、⑤客観力をつけると問題発見力が高まる

3章　問題をロジカルに「分析」する

◆頭ひとつ抜きん出る〝論理力〟の身につけ方

矢倉、穴熊、居飛車、振り飛車、棒銀、美濃……。

すみません、何のことかわからないですね。

でも将棋好きの人にはピンと来たでしょう。将棋の〝定石(じょうせき)〟の例です。

僕は将棋が好きで、小学生の時に所属した将棋クラブではまってから、今でも時々、将棋ゲームをします(オンライン対戦では、海外の棋士もいて、おもしろいんです)。

そして、将棋には「攻める時はこの型」とか「守りを固める時はこの型」といった、いわゆる〝定石〟があります。

定石を知っているのと知らないのとでは、僕程度の腕(つまり、ヘタ)だと、勝敗に大きく影響します。

1　コンサルタントが使っている〝すごい分析ツール〟

なぜここで〝定石〟の話をするかというと、**問題解決においても〝定石〟と呼ばれるものがある**からです。いわゆる**〝フレームワーク〟**と言われる思考の枠組みです。

複雑な問題であっても、フレームワークに当てはめることで、問題解決に向けて**効率的・効果的に、しかもモレもなく検討作業ができます。**また、自分だけでなく他者に対してもロジカルに伝えることができる、コミュニケーションツールにもなります。

僕がこうしたツール群に有用性を感じるのは、前述のような「効率的・効果的にできる」という理由もありますが、どちらかというと**「再現性」を持たせることができる**点です。

再現性の高いフレームワークを数多く身につければ、仕事だけではなく、投資などさまざまな場面で応用できるようになります。

たとえば、僕が自社で開催している不動産投資セミナーでも、成功の「再現性」に力点を置いて、あちこちにフレームワークをちりばめて話しています。どんな成功体験であっても、自分以外の人に再現できなければ、「自慢話」で終わってしまう。常に変化する不動産環境下でも安定した収益を出せなければ、バクチになってしまう。そこで、参加してくれた人が、時代が変わっても成功を再現できるような思考の枠組みを提供しているのです。

たとえば、物件選びでは、「ロケーション×タイミング×マネジメント」という軸で検討しますし、融資を引き出す場合も、「人物属性×物件評価×持ち込む金融機関」という軸で考えています。

この軸に当てはまるように条件を整えることによって、ある程度の信用力（年収や自己資金）があれば、普通の人でもかなりの確率で不労所得を獲得できるのです。

２　使用前後で仕事のクオリティに圧倒的な差がつく！

僕がいたアーサー・D・リトルでは、経営を**ＳＰＲＯ（戦略** Strategy**・業務プロセス** Process**・経営資源** Resource**・組織** Organization）という軸でとらえていました。

また、ちょっと難しいですが、戦略的研究開発投資の意思決定をする際に、**ＳＭＴ分析**（Strategic Management of Technology）の手法を用いて、**「戦略性」**と**「成長性」**の視点から、技術の重要度を判断していました。

こうした道具を使えば、経験の浅いコンサルタントでも、比較的容易に一定レベル以上のクオリティを出すことができ、クライアントへの説明や説得がよりスムーズにできます。

フレームワークを使えば、誰でも問題点の洗い出しができる。誰でもアイデアが出せる。もちろん人によってレベル（広さや深さ）に違いはありますが、使う前と後では、クオリティに差が出る、というものが有用です。やはりビジネスマンにとっては、フレームワークは押さえておくべきツールだと思います。

今まで経験したことのない業界やトピックでも、これらのフレームワークに当てはめるだけで、構造化して全体感をつかむことができ、**MECE《ミッシー》な分析**ができます。

ちなみに、MECE《ミッシー》とは、Mutually Exclusive Correctively Exhaustive の頭文字をとったもので、問題を整理する時に「モレなく、ダブリなく」考えるという、とても重要な概念です。

それでは、比較的、適用場面の多いフレームワークについて紹介します。

3　問題解決力が劇的にアップする「7つのフレームワーク」

①問題発見の４Ｐ

問題発見の４Ｐは、**目的軸**（Purpose）、**立場軸**（Position）、**空間軸**（Perspective）、**時間軸**（Period）という４つの軸で「あるべき姿」を構想し、「現状とのギャップ」を的確にとらえて問題を発見しようとするフレームワークです。これは使えます！

目的軸　Purpose

どんな問題でも、まず目的を明確にすることで、方法論が定まってきます。

たとえば製品改良のためのユーザーアンケートが、いつの間にかアンケートをすること自体が目的になってしまうなど、本来の目的からはずれてしまう事態を避けることができます。

立場軸　Position

立場が営業部門か製造部門かによって、「問題だ！」と認識するものが変わります。顧客と販売者の立場でも見える問題が異なります。ですから、そもそも誰のための問題解決であり、それにはどの立場から見るべきなのかを設定しておく必要があります。

空間軸　Perspective

空間軸とは、対象の全体像のことで、スコープ（範囲）とも言い換えることができます。

店舗全体の問題なのか、あるいは調理部門の問題なのか、空間軸を明確にしないと論点がブレて、最終的には会社が悪い、政治が悪い、となって収拾がつかなくなりますから、スコープの設定が必要です。

時間軸　Period

とらえる時間によって問題の意味や位置付けが変わります。コンピューターの２０００年問題などは、２０００年が過ぎれば問題ではなくなります。

火災現場では原因追及よりも人の救出が優先されます。その後で原因分析し、たとえばセンサーの数を増やすといった対処法が出てくるのです。

これら４つのＰは、コンサルタントがプロジェクトを請け負う場合に必ず明確にする視点ですが、問題をとらえる際でも解決する際でも「チェックリスト」として非常に有益なフレームワークです。

②空雨傘理論

「空雨傘」理論とは、「空が曇っているという事実がある」→だから「雨が降るかもしれないという解釈が導ける」→だから「傘を持っていこうという解決策をとる」というように、**ある「事実」を「解釈」し、「解決策」を導く思考の流れ**を表しています。

すべての行動にはその根拠となる解釈があり、その根っこには事実があることを意味している三段論法

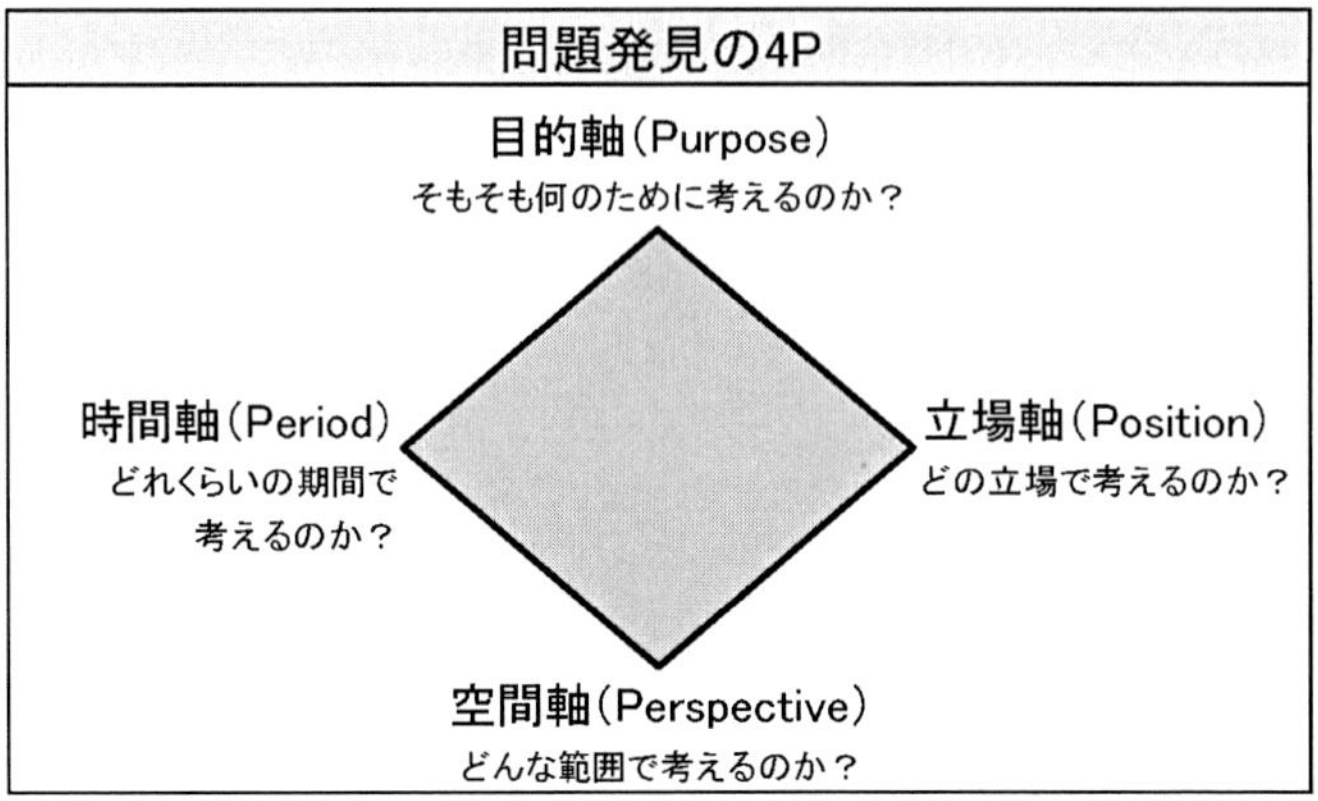

的問題解決の考え方です。

最初に来る事実は事実であって、揺るぎなく存在します。次の解釈は仮説であり、人によって出てくる内容が異なります。そして、最後の解決策は解釈から導き出されるものですから、やはりこれも人によって異なります。

たとえば、「空が曇っている」事実を、僕はこう解釈します。

雨　目の瞳孔《どうこう》が開き紫外線の影響を受けやすいかもしれない

傘　←　サングラスをかけて出かけよう

雨　印象が暗く見えるかもしれない

傘　←　明るめの色のジャケットを着ていこう

雨　クルマの窓が曇りやすいかもしれない

傘　←　曇り防止スプレーをしておこう

空雨傘理論を使えば、いつでもどこでも数秒で問題解決のトレーニングができ、日々触れるものすべてが教材として使えます。

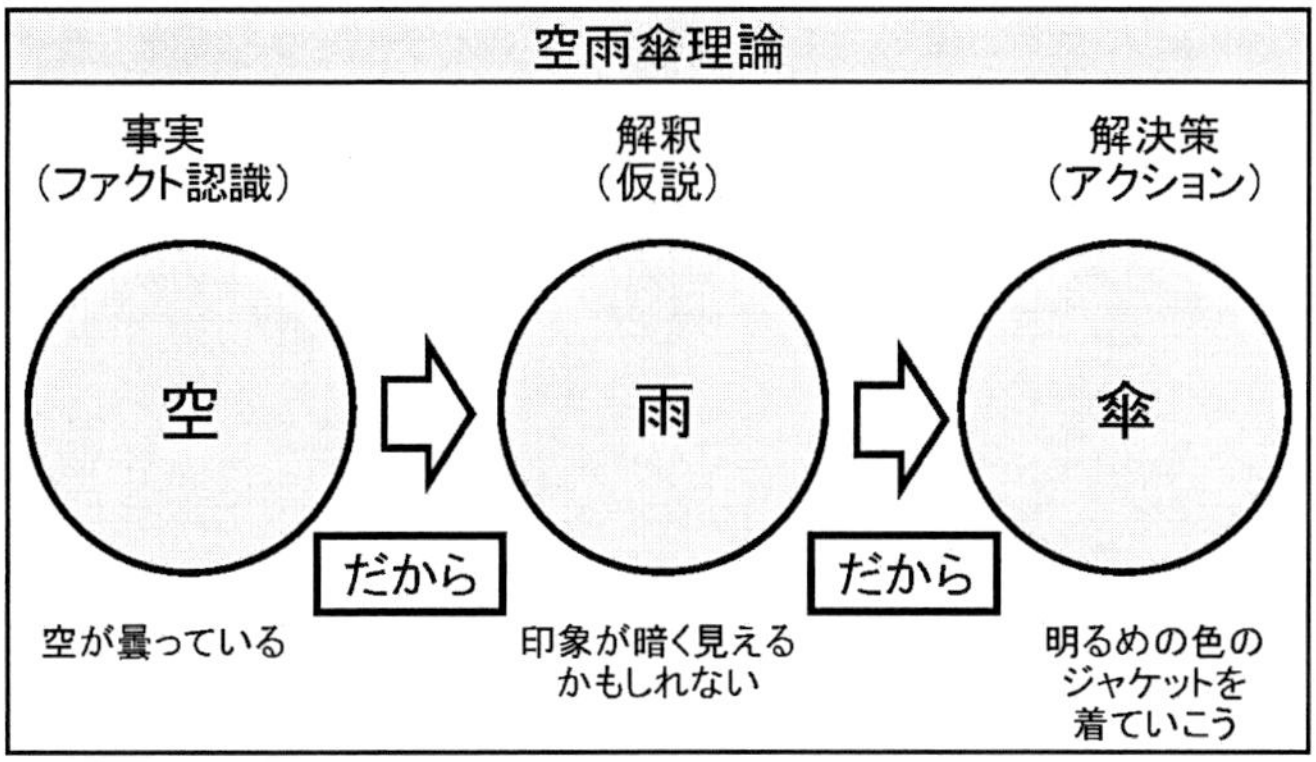

③優先順位のマトリクス

優先順位のマトリクスは有名ですので、知っている人も多いでしょう。**緊急性と重要性**というふたつの軸によって、**優先順位を決める思考のフレームワーク**です。

優先順位を明確にすることは、問題解決において非常に大切です。なぜなら、優先順位を間違えば、資源配分や対応スピードを誤り、思わぬ機会損失や被害が発生するなど、結果が大きく変わってくるからです。

このマトリクスの使い方は、まず、自分自身や組織のＴＯＤＯを各象限、つまり、

①右上：重要性も緊急性も高い
②右下：重要性は高いが緊急性は低い
③左上：重要性は低いが緊急性は高い
④左下：重要性も緊急性も低い

に振り分けていきます。

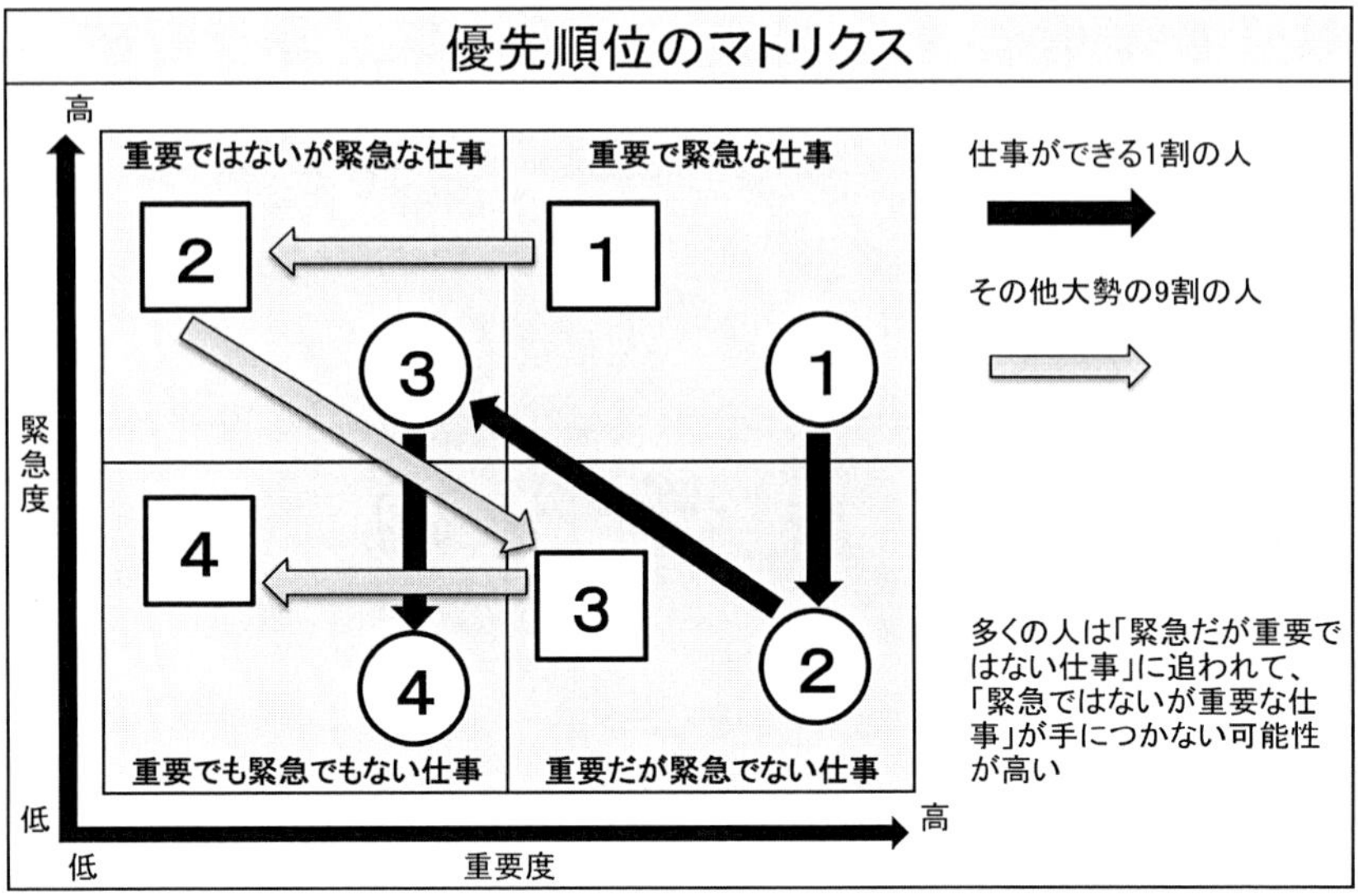

処理する順番としては、①→②→③→④がセオリーですが、僕たちは普段、①→③→②→④で処理してしまいがちです。もちろん調子を高めるために、あえて簡単なことから処理していくこともあるでしょう。でも本当に重要なことは、ほとんどの人が後回しにすることである場合が多いんです。

また、このマトリクスを知っているけれども使いこなせない、という人がいます。それはなぜかというと、緊急性と重要性を分ける「基準」を持っていないからです。

そこでひとつの例として、緊急性と重要性を判断する時に、「**効果の大きさ**」と「**被害の大きさ**」で考えてみてはいかがでしょうか。

「これをやれば劇的な効果がありそう、大きな利益が期待できる」とか「これをやらないと甚大な被害を受ける、大きな迷惑をかける」といった具合です。

また、気をつけたいのは、時間の経過や環境変化によって緊急性や重要性は変化するということです。

たとえば語学の習得は、日本企業に勤めていれば緊急性も重要性も低いですが、外資に買収されれば一気に緊急性も重要性も高まります。

ですので、フレームワーク全般に言えることですが、一度つくって満足するのではなく、常に見直すという作業が必要です。

④SWOT分析とクロスSWOT分析

SWOT《スウォット》分析も有名な方法です。

その**組織が持つ強み**（S＝Strengths）と**弱み**（W＝Weaknesses）を、**組織の外的環境に潜む機会**（O＝Opportunities）、**脅威**（T＝Threats）を検討・考慮したうえで、評価することです。

SWOT分析は、企業の戦略立案をする際に用いられる〝定番の分析手法〟と言われます。

しかし、このフレームワークには致命的な欠陥があると僕は思っています。

というのも、たとえば、「規模が小さい」ことって、「弱み」でしょうか？　でも、人によっては「機動的に動ける」という「強み」になります。

機会も脅威も強みも弱みも相対的ですから、対象と

レコード業界のSWOT分析

内部環境	外部環境
強み コンテンツの蓄積が膨大	**機会** オンライン化により ロングテールが期待できる
弱み CD制作はお金がかかるし 在庫になる	**脅威** ダウンロード販売に押され CD売上が減少

する競合や、分析をする人の価値観に左右されます。
ですから、あくまでも議論の材料出しの手法であり、評価（議論）の土台づくりに過ぎないと認識して使うべきでしょう。

そして、単なる現状理解にとどまらず、一歩踏み込んで「では、そこからどうすべきか？」を掘り下げるのが、**クロスSWOT分析**です。

これは、

SO：強みを活かして機会をとらえるにはどうすべきか？

ST：強みを活かして脅威を回避するにはどうすべきか？

WO：弱みのために機会を逃さないようにするにはどうすべきか？

WT：弱みのために脅威にさらされるのを避けるには？

レコード業界のクロスSWOT分析

	O：機会 オンライン化により ロングテールが 期待できる	T：脅威 ダウンロード販売に押され CD売上が減少
S：強み コンテンツの 蓄積が膨大	SO戦略 アマゾンのような推薦 エンジン技術を導入し、 埋もれた過去の楽曲を 購入してもらう	ST戦略 CD市場縮小を前提に、 インタラクティブ放送など オンライン販売に注力する
W：弱み CD制作は お金がかかるし 在庫になる	WO戦略 在庫の資金回収を 早めるため、一部買収や 共同卸会社を検討する	WT戦略 日本語と英語を併記し 世界同時販売できる 仕様にする

というアクションプランを考えるための方法です。

たとえば上記は、「あるレコード会社」のクロスSWOT分析ですが、事業戦略や企画書を考える際だけではなく、自分をどうブランディングするかを考えるのにも使えます。

⑤イシューツリー（ロジックツリー）

イシューツリーは、論点の全体像をMECE《ミッシー》に構造化する方法です。これは「ロジックツリー」などとも言われ、原因分析の仮説出しにも、解決策の仮説出しにも使います。

イシューツリーは個別と全体の関係を整理する論理的思考の基本ツールであり、その適用場面は幅広いと言えます。

たとえば、「ガソリン代を節約する」というテーマを命題にして、イシューツリーを書いてみましょう。最初に、「ガソリン代を節約する」と書き、それを分解していきます。

ガソリン代は「使った量×単価」で決まりますから、「ガソリン使用量を減らすための方策」と「ガソリン単価を下げるための方策」に分けます。そしてそれぞれをさらに分解していきます。

ガソリン使用量を減らすための方策としては「アイドリングを減らす」「余計な荷物を積まない」「空気圧を適性にする」などがあるでしょう。

またガソリン単価を下げるための方法には「安いスタンドを探す」「ハイオクからレギュラーに変える」などがあると思います。

でも全部をやろうとすると時間と労力が膨大にかかりますから、優先順位付けが必要です。

では、どういう基準で優先順位付けするのか？　この場合は費用対効果・時間対効果でしょう。

たとえば、ガソリンカードは入会するだけでリッターあたり1～2円ほど安くなるので、費用対効果が高いからすぐやろう、となります。

反対に燃費向上グッズは、そもそもグッズ購入に高いお金がかかるので、やめておこう、となります。

それに、当然ですが、仮説ベースの案も数多く出てくるので、各項目を粗くでも調べてから取りかかることが必要です。

たとえば「ガソリン単価を下げる」で「ハイオクからレギュラーに変える」と出しましたが、実はハイオク仕様のエンジンは、ハイオクを入れた時に最も効率が高いようにつくられていて、レギュラーを入れると逆に燃焼効率が低下して燃費悪化につながるなど、やめたほうがよいこともあるのです。

イシューツリーは、各項目のレベル合わせと、MECE《ミッシー》（各レベルがモレなくダブリなく）になるようにつくることが大切です。

そのためにも、とにかく何度も自分の手を動かして書き直すことです。それによって、レベル感やMECE《ミッシー》の納得感が高まるようになります。

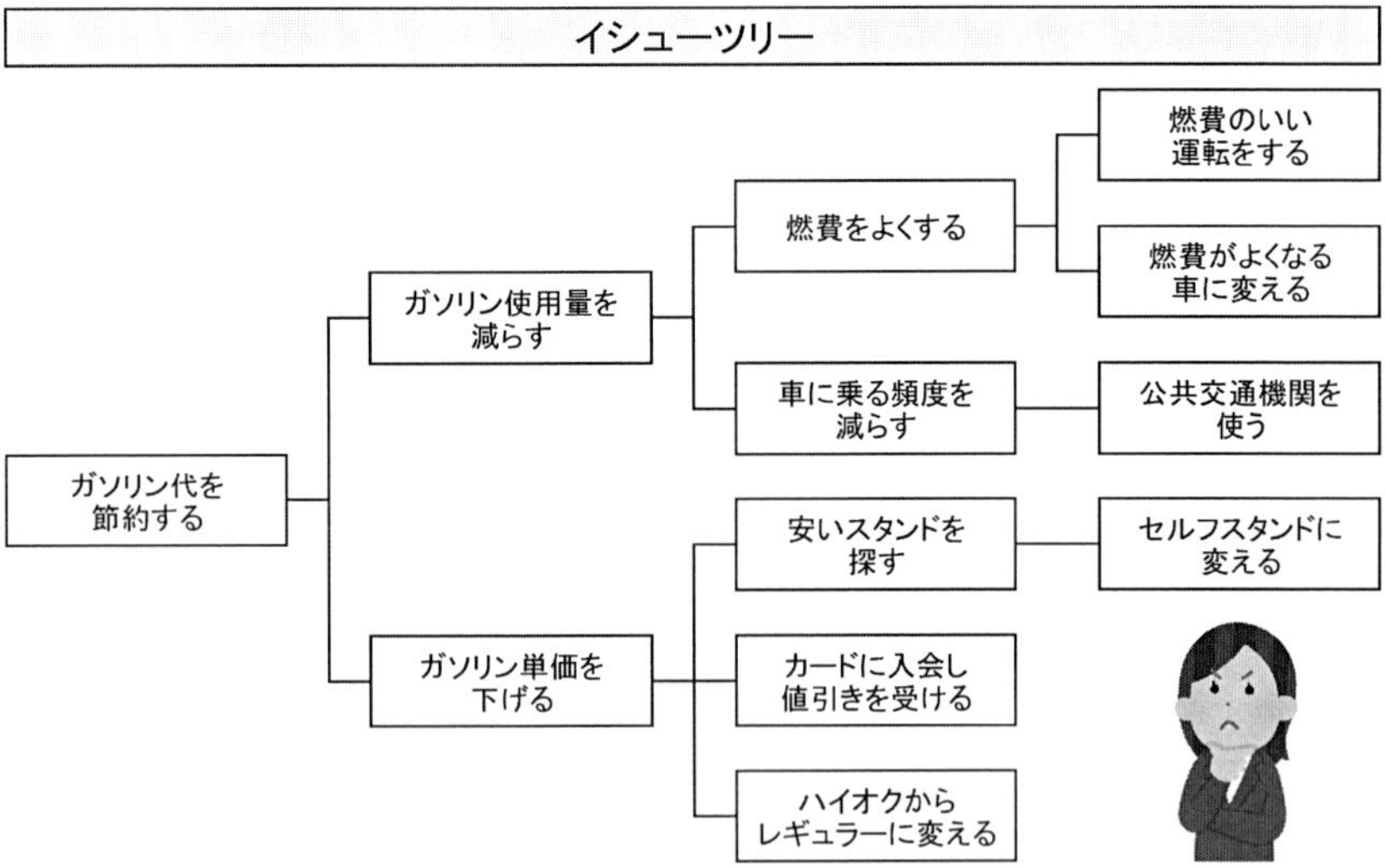

⑥ピラミッド・ストラクチャー

ピラミッド・ストラクチャーは、プレゼンや論文、スピーチなどで論理的に説明するためのフレームワークです。

ちなみにイシューツリー（ロジックツリー）との違いは、イシューツリーが上位概念からスタートし、問題点分析や解決策の検討などに使われる発散型のツールなのに対し、**ピラミッド・ストラクチャーは説得力のあるメッセージをつくるために、論拠を積み上げていく収束型のツール**です。

たとえば、「〝声〟は人生を優位に導くスキルのひとつであるため、学校教育にボイストレーニングを導入すべきである」という**結論（メインメッセージ）**を主張したいとします。

しかし、ボイストレーニングにどんなにメリットがあっても、根拠がバラバラだと説得力がありません。

そこで、メインメッセージを支える論理構造を、**ファクトデータ**（成功したビジネスパーソンの多くは、よく響く声を持っている）→**サブメッセージ**（堂々としてよく響く声は信頼感を与える）→**キーメッセージ**（声が相手に与える印象を決め、説得力を高めることにつながる）と積み上げていくのです。

ピラミッド・ストラクチャーはデータから積み上げるので、事実からはずれる心配はありませんが、その反面、上位概念となるサブメッセージやキーメッセージをつくるのが難しいという側面があります。

このフレームワークは、自分が主張するときだけでなく、相手の主張をピラミッド・ストラクチャーに落とし込んで理解を深め、的確な賛同や反論をする際にも使えます。

たとえば先の例を使うと、「ネクラな人は声も暗い」を論拠として「滑舌《かつぜつ》が悪いと、聞き取りにくく、相手にストレスを与える」というサブメッセージを導いていますが、「なぜそう言えるのか？」と、論理的な反論が可能になります。

ピラミッドストラクチャー

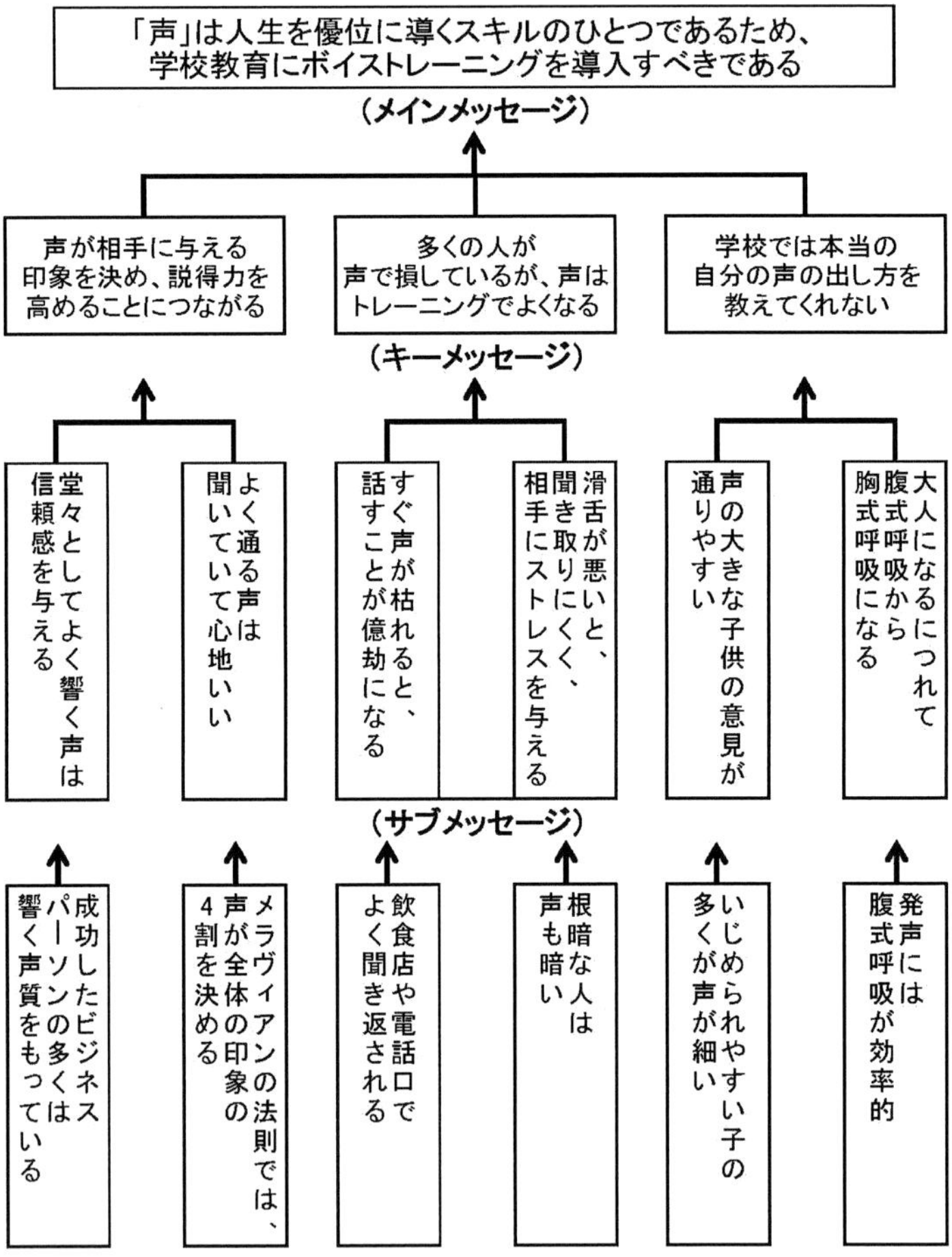
「声」は人生を優位に導くスキルのひとつであるため、
学校教育にボイストレーニングを導入すべきである
（メインメッセージ）
声が相手に与える印象を決め、説得力を高めることにつながる
多くの人が声で損しているが、声はトレーニングでよくなる
学校では本当の自分の声の出し方を教えてくれない
（キーメッセージ）
堂々としてよく響く声は信頼感を与える
よく通る声は聞いていて心地いい
すぐ声が枯れると、話すことが億劫になる
滑舌が悪いと、聞き取りにくく、相手にストレスを与える
声の大きな子供の意見が通りやすい
大人になるにつれて腹式呼吸から胸式呼吸になる
（サブメッセージ）
成功したビジネスパーソンの多くは響く声質をもっている
メラヴィアンの法則では、声が全体の印象の4割を決める
飲食店や電話口でよく聞き返される
根暗な人は声も暗い
いじめられやすい子の多くが声が細い
発声には腹式呼吸が効率的

⑦戦略の３C、４C

戦略の３Cとは、**顧客**（Customer）、**競合**（Competitor）、**自社**（Company）の頭文字をとったもので、戦略を考える際に、この３つの要素を考慮しようというフレームワークです。

この３C分析ですが、僕は**４C分析**として使っています。

４つめのCって何だかわかりますか？

「状況」（Circumstance）です。

いわゆる法規制とか為替や株価といった、間接的な影響を与えるマクロ環境のことです。

マクロ環境は自社でコントロールできない要因ではありますが、規制産業や輸出入の多い事業では考慮に入れておくことが必要です。

たとえば不動産ビジネスは、金融機関の融資姿勢に大きな影響を受けます。金融機関の動きに影響を与える要素のひとつに、金融庁の指導方針があります。ですから、彼らが何を考えているか、どういう動きをしそうか、公式発表から読み取ろうとしなければなりません。

また日銀の金利政策によって消費者心理が左右されますので、これも要チェック。

それから、４C分析は、ただ単に現時点の分析をするのではなく、ビフォー・アフター（過去と現在）で比較すると、その進化や今後の動向の一端が読めます。

かつてサブプライムローン問題が起きたときに、外資系金融機関や投資ファンドが手を引いたことも環境としてとらえておくと、サブプライム問題が落ち着けば、外資は再び戻ってくるのではないか、という予測が成り立ったはずです。

⑧マーケティングの4P、自分ブランディングの6P

マーケティングの4Pとは、マーケティングを行なう時に、**「商品」**(Product)、**「価格」**(Price)、**「場所、チャネル」**(Place)、**「販促」**(Promotion) に分けて考える、というものです。

でも、4Pは古いフレームワークですから、これだけでは今の時代の分析にフィットしない面も出てきます。それでも4Pだけで考えようとするのは、フレームワークに使われてしまい、意味がありません。

だから、新たなフレームワークをつくる。そこで、たとえば**6P**を考えました。

もう2つのPとは?

「提携・協業」(Partner) と**「理念」**(Principle) です。

今や自社だけでは顧客のニーズに対応しきれませんし、提携でブレイクすることもよくあります。

たとえば、ドコモとディズニーのコラボによるスマートフォンは人気商品だそうですし、アーノルド・シュワルツェネッガーが主演した『プレデター』とシガニー・ウィーバーが主演した『エイリアン』のコラボ映画、『エイリアン VS プレデター』もパート2まで映画化されました。

また、感性化社会においては、理念なき商品・サービスは顧客から支持されない、ということですね。僕の会社も、「すべての人に、安定的な副収入源を提供する」ことを理念としています。

たとえばマーケティングの6Pという視点から、「北海道の牧場の経営者が、新商品開発を考えてみた」としましょう。

商品　Product

かつて生チョコが人気だったが、新鮮で安心なイメージがあったからだろう。ウチでは新鮮な牛乳が毎日とれるから、それを丹念に煮詰めた「生キャラメル」をつくろう。もちろん、そこらへんにあるキャラメルではなく、口に入れた瞬間にとろける「えっ！」という驚きとインパクトがある商品にする。そして、煮詰める・切る・包装する、のすべての工程を手づくりにこだわる。

価格　Price

廃棄ロスや返品のリスクを考えると、15％くらいの利益を確保しておく必要がある。ウチは体力のないベンチャー企業だから、「小さく始めて付加価値を付けて高く売る」ことが大切だ。普通のキャラメルは１００円程度だけど、８５０円にしてみよう。

もちろん、ただ単に高いだけでは売れないが、この味と食感には、それだけの価値はあるだろう。

場所、チャネル　Place

消費者はいつでもどこでも買える商品に魅力を感じない。だから希少性のある場所、そして非日常空間で売ることが、高い価格でも売れる条件になってくる。そこで新千歳空港を攻めよう。空港を攻めれば全国にアピールできる。それにお土産なら１０００円程度の値段は普通だし、スイーツの需要は高いはず。

そして、全国のデパートで催される北海道物産展に出展する。催事は人がたくさん集まる場所だから集客には困らないし、空港と同じく非日常空間であるから、あれもこれもとたくさん買ってくれるはず。

販促　Promotion

広告宣伝にかけるお金はないから、マスコミを活用する。リリース資料を送ってマスコミから取材されるようにする。影響力の大きいテレビのドキュメンタリー番組で取材してもらおう。テレビは絵としておもしろくないといけない。工場の生産ラインは絵的につまらないけれど、すべて手作業でつくっているウチの工場は絵になるから、きっと取り上げてもらえるはず。

提携・協業　Partner

材料については、周辺の牧場と協力して安定供給ができるようにする。販売についてはは農協や代理店を通すと考える力が失われるし、顧客の声も聞こえなくなるから、自分たちで売ろう。

理念　Principle

食の安全が叫ばれている時代だから、誠実さや素朴なイメージを大事にし、おしゃれ感ではなく、本物・手づくり・新鮮・安全にこだわろう。毎朝とれる新鮮な牛乳を使い、機械ではなく人の手で丹念に煮詰めてつくる。工場もオープンにして製造過程を全部公開しよう。

ピンと来た人も多いでしょう。そう、かつて話題となった、タレントの田中義剛氏が経営する「花畑牧場」の「生キャラメル」の話です。当初1日の売り上げが90個に過ぎなかった生キャラメルですが、1日1万5000個が常に完売し、北海道の土産売り上げでも、ガリバー「白い恋人」に次ぐ2位にまで成長しました。デパートの物産展では、7階の催事会場から、客の行列が地下1階まで続き、整理券を配布するほどのヒット。

田中義剛氏が4Pや6Pのフレームで考えたかどうかわかりませんが、実に戦略的に考え行動していることがわかります。

これらのフレームワークはビジネスにおける思考ツールですが、もちろんプライベートにも応用できます。たとえば4Cを転職に際しての分析であてはめてみると、

顧客（Customer）　応募企業の人材ニーズ
競合（Competitor）　他の応募者の能力・実績
自社（Company）　自分の能力・実績
状況（Circumstance）　雇用情勢、自分の能力の社会ニーズ

また、６Ｐを自分ブランディングの検討であてはめてみると、

理念（Principle）　自分のポリシー
商品（Product）　自分という商品
価格（Price）　自分の報酬
場所（Place）　自分が活躍できるフィールド
販促（Promotion）　自分の売り込み方
提携（Partner）　仕事で組む人

と、フレームワークはいろんな分野で応用（再現）できます。

そして４Ｐでも６Ｐでも、３Ｃでも４Ｃでも、業種・業態によって深く考えるべき要素のウエイトは異なるということに気をつけましょう。すべてまんべんなく検討するのは時間の無駄になることも多いからです。

たとえばファストフードや日用品メーカーにとっては「価格」が、小売店にとっては「場所」が、自動車メーカーにとっては「商品」そのものが、化粧品なら「販促」の重要性が比較的高いなど、業種によって詰めて考えていくポイントは違ってきます。

花畑牧場の例でも、自社製造・自社販売がメインですから、「提携・協業」は現時点では掘り下げることに時間を費やさない。あくまで思考のモレを防ぐために挙げておくということです。僕たちは学者ではなく、実務家ですからね。

４　〝考える視点〟が増える「３つのフレームワーク」

たとえばスーパーに行ってバナナを買うとします。でも、バナナがたくさん積んであるとして、とりあえず手前のものから買いますか？

「鮮度」という視点で選びますよね。ではその鮮度はどうやって測るか？

すぐ食べるのなら黄色く熟した房を選ぶし、ひとり暮らしなどですぐには全部食べないなら少し青みが残ったものを買う。

このように、僕たちは果物を選ぶための「目の付け所」を知っているわけです。

フレームワークは、ものごとをモレなく効率的に見る枠組みを教えてくれるツールですが、先はどの３Ｃや４Ｐのように、わかりやすい軸できっちり切っているものもあれば、きれいに切りきれてはいないけれど、**「目の付け所」**や**「考える視点」**を教えてくれるものもあります。

たとえば「財務諸表を読む」という場合でも、目の付け所を知らなければ、片っ端から分析しようとするなど、無駄が多い。でも目的に合った「目の付け所」を知っていれば、短時間で要領よく知りたいことを読み取れます。

財務の健全性を見たいのであれば、損益計算書（Ｐ／Ｌ）ではなく、貸借対照表（Ｂ／Ｓ）を見ます。

そして、その企業のゴーイングコンサーン（継続して活動していけるか）を見たければ、バランスシートの流動資産（すぐに現金化できる資産や債権）と流動負債（短期に支払いが必要な負債や債務）を比較して、流動資産が流動負債の何倍あるかを見る。

これは、もう「知っているか・知らないか」ですが、問題を分析する時に役立つ「目の付け所」を教えてくれる道具を、簡単なものだけご紹介します。

①ＫＳＦ分析とＫＢＦ分析

ＫＳＦ分析（キー・サクセス・ファクター分析）とは、成功要因分析、つまり**競争優位に立つカギは何なのか**を洗い出す方法論です。

もうひとつ、似たような方法で**ＫＢＦ分析**（キー・バイイング・ファクター分析）というのがあります。

要するに、**顧客が製品やサービスについてどのような**

要素を重要視して購入を決定しているかを明確にすることです。これはビジネスの本質を探ることを意識付けるのに役立ちます。

たとえば自動車ビジネスにおけるKSFは何でしょうか？　何だと思いますか？

原価低減？　グローバル展開？　かつて日産に勤め、現在は独立して経営コンサルタントをしている僕の友人に言わせると、「売れる商品づくり」だそうです。

なんと当たり前な！

もちろん調達や製造、物流に関する要素も多分にありますが、まず売れなければ利益が出ない。売れるから製造コストを下げられる。売れた商品がやがてブランドになり、モデルチェンジを繰り返して長く売り続けることができる。

とは言っても、「じゃあ売れる商品って何だ！」となり、思考が途切れてしまいます。だから、売れる商品というのは「顧客が買いたくなる商品だ」、となってKBF分析が効いてくるのです。

たとえば車のKBFを考えてみると、「家族みんなでドライブできる」「燃費がいい」「スペシャリティがある」という点が挙げられます。

だからセレナ（日産）のような3列シートのミニバンが売れるし、フィット（ホンダ）のようなコンパクトカーが売れるし、Z4（BMW）のようなオープンスポーツカーが売れるんですね。

実際、今は各メーカーが競ってミニバンやコンパクトカーを開発していますし、これからハイパワーのスポーツカーがどんどん出てくる予定だそうです。

KBFとはつまり、

「顧客は、何であなたの商品・サービスを選ぶのか？」
「顧客は、何であなたの会社から買うのか？」

を考えてみる、ということです。

②シナリオ分析

シナリオ分析と言うとちょっと難しい感じがしますが、わかりやすく言うと**「風が吹けば桶屋が儲かる」という桶屋理論を考える**、ということです。

つまり、ある事象が発生したと仮定し、そこから関連付けて将来を予測し、その場合の対応方法を練っておく、という思考方法です。

将来シナリオを描くには、連想力が必要です。

たとえば、なぜ「不況になるとミニスカートが流行《はや》る」と言われるのでしょうか？

不況になる
←
お金がなくなり、結婚や遊びを控える男性が増える
←
出会いを求める女性にはハードルが高くなる
←
女性は自分自身の魅力をアピールする必要が出てくる
←
手っ取り早いのが「見た目」でアピールすること
←
ミニスカートをはく

すみません、これは僕の勝手な仮説です。世の女性諸氏、怒らないでください（笑）。

あるいは、少し前に問題になったガソリン価格の高騰から発想することもできます。

ガソリン価格が高騰
←
自動車に乗らなくなる
←
電車での移動が増える
←

電車内広告が活況になる

←

一瞬で目を引くコピーをつくれる人が注目される

←

コピーライティングスクールが流行る

といった具合です。

要するに、シナリオ分析とは、ある事象が起こった時に、何がどう動く可能性があるか、そしてその際自分はどう動くか、を考えるということです。

ですから、シナリオ分析とは、「仮説力＋ストーリー構成力」が柔軟な発想力がカギになります。

そして、これを強化するには、あり得ないもの同士をつなぎ合わせるトレーニングなどが効きます。

また、僕が前著『33歳で資産3億円をつくった私の方法』（三笠書房）の中で、「経済史を勉強すべし」と言ったのは、経済の波は繰り返すので、投資においてもシナリオ分析しやすくなるというメリットがあるからです。

③プロコン分析

プロコン分析とは、**メリット**と**デメリット**、もしくは**賛成意見**と**反対意見**を全部出しきったうえで比較検討する方法です。

もともとラテン語のｐｒｏ（for＝賛成）と、ｃｏｎ（against＝反対）から派生した表現です。

これは、多くの人がよく使う単純な方法ですので、本書では他の使い方を提案したいと思います。プロコン分析を議論の際に使って意見の対立を小さくし、合意を得やすくするという方法です。

たとえば、ある出版社が、新書のシリーズを新たに出すかどうかで議論しています。

賛成派は、「今売れているのは新書だ。価格にシビアな読者が増えている昨今、手にとりやすく買いやすい新書はニーズがある。収益を確保するためにも新書シリーズを新たに立ち上げるべきだ」と主張します。

これに対して反対派は、「これ以上ラインナップを増やすと負担が増えるだけだし、新書ブームがいつまで続くかわからない。単行本や文庫とのカニバリ(食い合い)も考えられる。書店も売り場を確保してくれるのか」と譲らず、収拾がつかなくなります。

このように、価値観の違いなどで意見が対立した時に、みなでプロコン分析をしてみるのです。「みなで」というのがポイントです。

賛成派だろうと反対派だろうと、全員で新書を出すことのメリットとデメリットを出します。この場合のルールは「自分はパス」は御法度で、反対派の人も新書のメリットを出さなくてはいけませんし、賛成派の人もデメリットを出さないといけません。

メリット

・文庫と単行本の中間を埋める存在で、収益源を増やせる

・読者が価格にシビアになっている昨今、売りやすい

・書店も売り場スペースを拡大しているので、自社の売り場スペースも増やせる

・今まで単行本を買わなかった層にもアプローチできる

・個別の装丁デザインが不要など、出版コストが小さくて済む

・ニッチテーマでもニーズがあり、ラインナップを増やせる

デメリット

・文庫と単行本、双方にカニバリ(食い合い)を起こす可能性がある

・編集部・営業部ともに負担が増え、現状でも手いっぱいで対応しきれない

・新書シリーズが乱立し、初版を売りきれない本も出てくるなどリスクが高い

・読者が求めているのは良書であり、本のサイズに

こだわるべきではない

・経営資源の分散を招き、中途半端になる可能性がある

・他社の真似は会社のポリシーに反する

これをやると、自分の意見と相手の意見の両方を客観的に理解できるようになります。

「じゃあ、まずは10タイトルだけ試験的に出してみて、半年間で15万部以上売れなければやめよう。新書だと真似になるから、単行本としても売れるように、新書よりもちょっとグレードを上げ、定価は900円にしよう。単行本のつもりでしっかりつくり込み、実績も単行本としてカウントしよう」

という具合に、妥協点、つまり第3の案を探りやすくなるのです。

よくある営業部門と製造部門の対立なども、みなでこれをやることによって、どちらがいい悪いではない、相互に納得できる解決策へと導きやすくなります。

5　一歩進んで、フレームワークを進化させる

ここまで紹介してきたフレームワークは、単体で使うのもよいですが、より難易度の高い問題解決を求められる場合や、より深い思考と発想をするには、フレームワークそのものを修正し進化させる必要があります。

たとえば**PPM（プロダクト・ポートフォリオ・マネジメント）分析**も、とても有名なフレームワークです。

ボストン・コンサルティング・グループが開発した手法で、自社の製品または事業を、市場の成長率と相対的なマーケット・シェアから**「スター」「金のなる木」「問題児」「負け犬」**の4つのポジションに分類し、それぞれに見合った事業展開を検討するもので

す。

PPM分析

高 ↑市場成長率↓ 低		
	スター （star） 成長期待 → 維持	**問題児** （question mark, problem child） 競争激化 → 育成
	金のなる木 （cash cow） 成熟分野・安定利益 → 収穫	**負け犬** （dogs） 停滞・衰退 → 撤退
	大 ← 相対的マーケット・シェア → 小	

スターは投資を増やしてシェア拡大を狙う、金のなる木はシェア維持のための最小限の投資を継続する、問題児は投資を増やしてシェア拡大を狙うか、縮小するかを判断する、負け犬は撤退を検討する、というのが一般的なとらえ方です。

しかし、この分析が有効なのは、

「商品のライフサイクルは問題児からスタートして、スター、金のなる木を経て負け犬になる」

「成長性の高い事業は多くの資金を要する」

「マーケット・シェアの高い商品・事業が資金を多く生み出せる」

ということが前提条件となっている場合です。

でも、実際にはそうでないことも多いわけです。

一気に大ヒットしたかと思えば瞬時に消えていく事業もある。

マーケット・シェアが大きくても、薄利多売でエネルギーを要する事業もある。

競合の参入が業界を盛り上げて一緒に成長していくこともある。

だから、現実に合わない部分は、無理やりフレームワークに当てはめるのではなく、自分で修正して解釈を変えたり軸を変えたりする必要があります。

ＰＰＭをはじめとして、フレームワーク全般に言えることですが、**キモは「軸の切り方」**にありますから、自分自身で新しい「軸」をつくろうと頭を働かせるようにしましょう。

自分で「この問題はどういう軸で切れるかな」と考えることは、よい思考トレーニングになります。

たとえば本書を書く際も、他の問題解決に関する類書を参照し、先の図（ＰＰＭ分析）のように、その傾向を分析しました。

ヨコ軸は、ロジカルシンキング系とエモーショナルシンキング系、タテ軸は事例の解説が中心か、手法の解説が中心か、という切り口です。

問題解決本のアプローチ

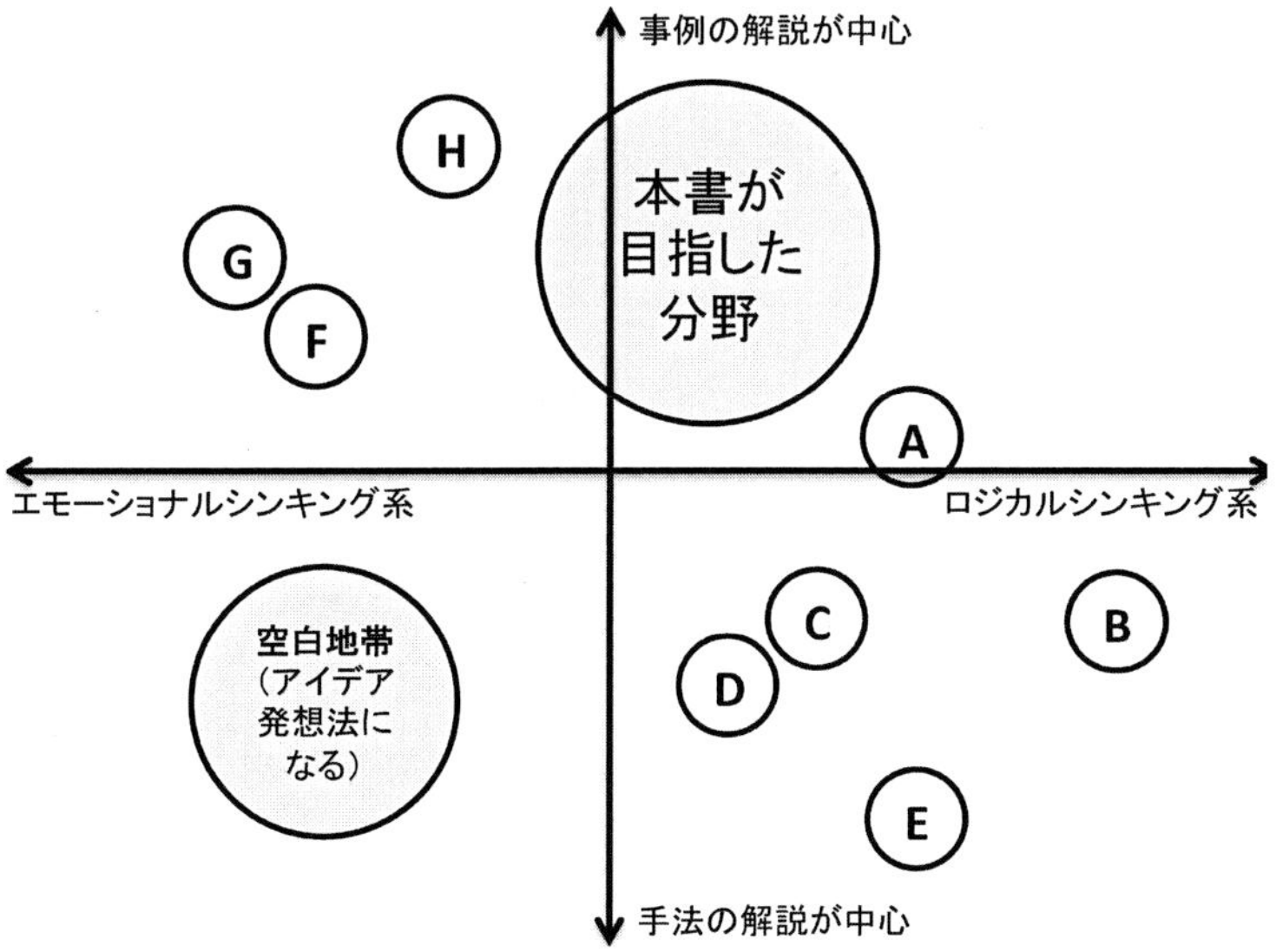

６　自分が直面する問題に合わせて自在に応用！

他のフレームワークも同じように、自分で進化させてみましょう。

たとえばマーケティングでよく使われる**A《ア》I《イ》D《ド》M《マ》A**（Attention：**注意**、Interest：**関心**、Desire：**欲求**、Memory：**記憶**、Action：**購買行動**）も、ネットの出現というパラダイムシフトを踏まえて、**A《ア》RI《リ》D《ド》M《マ》A**（Research：**検索**）を考えてみる。

今はホームページがないだけで「うさんくさい」と思われる時代ですし、ネットで情報収集してから検討する人が増えているから、「まず検索してね」という**ARIDMA**のフレームワークに則れば、「まず検索してね」というメッセージを発信する解決方法が出てきます。

ただし、重要なのは「何のために」そのツールを使うのか、という点をはっきりさせておく必要があるということです。

目的が明瞭になっていなければ、「分析のための分析」をして自己満足に浸るだけで、何もアクションにつながらなかった、ということになりがちですから。

経営指標も同様に、ＥＶＡ（経済付加価値）やＲＯＥ（株主資本利益率）などの小難しい用語は自己満足と紙一重です。

なぜなら、こうした株主価値を計る指標を重視し過ぎてしまうと、株主のほうを向きすぎた経営になってしまい、顧客視点を忘れてしまう危険性があるからです。これでは日々顧客と接している現場と、本部や本社の間に溝ができるのは当たり前でしょう。

いずれにしても、慣れてきたら、フレームワークに合わせるのではなく、自分が直面する問題に合わせて、応用していくことが大事です。

７　僕は「フレームワーク」をこうしてマスターした

冒頭の将棋の定石もそうですが、フレームワークも、実際に使わなければ上達しません。かといって定石にとらわれすぎてしまうと、自分が経験したことのない局面に直面した時に、どの手を打てばいいのかパニックになってしまいます。

先ほどの繰り返しになりますが、スポーツと同じく、ツールを自分の手でつくっては壊し、つくっては壊しを何回も繰り返すという練習が大切です。

僕がコンサルの世界に入った当初、上司から何度もダメ出しを食らい、ひとつのイシューツリーを完成させるまでに半月もかかったことがあります。

もちろん、朝から深夜まで毎日取り組んで、脳に汗をかいてつくったつもりが、「全然なってない！」と全否定される。脂汗が出るようになった頃、やっとOKがもらえました。その間、何十回書き直したでしょうか。

ＭＢＡなどでは、数多くのケーススタディをこなし、数多くのフレームワークを使って疑似的に戦略思考を鍛えます。やはり同じように、考えては捨て、第三者からの評価を受けてやり直す、を繰り返すことで、自分の血肉になっていきます。

フレームワークをマスターするとは、実はそれほど大変なことなのです。

８　できる人は〝公式〟をさらに進化させる

そして逆説的なようですが、フレームワークで解決できるほど、現実の問題解決は単純ではありません。僕が経営コンサルティングをやってきた経験から言えば、むしろ既存のフレームワークに当てはめて解決できる問題のほうが、むしろ少ないものです。

前述のとおり、これらのツールは、確かにうまく使えば問題の整理をする時や、わかりやすく説明する必要がある際などに役に立ちます。
しかし僕は、とりあえずフレームワークに習熟した後は、そうしたフレームワークをはじめとする公式や定石にならおうという発想は、いったん忘れたほうがよいのではと思っています。

とかく人は、公式に頼ったり、検索して出てくる結果だけでわかった気になる傾向があり、自分の頭で考えなくなりがちです。「本にこう書いてあったので」「ネットに出ていました」と言う人によく遭遇しますが、これも「考えた」ことにはなりません。

思考というのは、そもそも「自分の頭で考える」ということです。だから、考える力をつけようとしている時には、フレームワークに安易に頼るべきではないのです。

思考作業をショートカットしようとするのは、むしろ知的に怠惰だと言えるのではないでしょうか。

また、**論理的思考とは、これまで常識として疑っていなかったことを疑い、暗黙の前提としていたところをいちいち確認する手間を惜しまないこと**でもあります（この点だけを切り出して、クリティカルシンキングと表現されることもあります）。

本やマスコミや先生が言っていることも、いったん自分の脳みそにくぐらせて、納得したうえで使うわけです。

「でも、ゼロからいちいち考えていたら、時間がかかるし非効率だ」と言う人もいるでしょう。

確かにそのとおり。特に初心者のうちは、膨大な時間がかかります。でも、それで思考力がついてくる。慣れれば、考えるのに要する時間も短くなってくるのです。

そうして養った力こそ本物ではないでしょうか。
脳に汗をかいて時間をかけてつくり上げたものであればあるほど、他人から見て参入障壁が高くなる。それこそが誰にも簡単に真似できない、頭ひとつ抜きん出る方法ではないでしょうか。

９　問題解決は〝右脳〟と〝左脳〟のコラボレーション

この章の最後に、先日、テレビのドキュメンタリー番組でやっていた「肉がない焼き肉屋の問題解決」を考えてみます。

その焼き肉屋の店主は、自分の子供に経験を積ませるために、２号店をショッピングモールに出店し、次男を店長として店を任せました。

ショッピングモールは正月がかき入れ時だそうですが、店主のこだわりは、おいしい「生肉」を提供すること。でも正月は市場が休みで生肉が手に入りません。冷凍肉を試したけれど、生肉と比べれば味は格段に落ちる。店主は生肉以外を扱うのは絶対に許さない。

かといって正月に休業してしまうと、モールに出店している他のテナントすべてに迷惑がかかります。

僕はこういう番組を見たら、先回りして自分ならどうするかを考え、番組の中で答え合わせするのが大好きです。

さて、あなたならどうしますか？

問題解決本を読むと、いろんなフレームワークが出ていますね。そこで、たとえば５Ｗ１Ｈに当てはめてみると……

Ｗｈｅｎ：正月
↓という盛り上がる時期に
Ｗｈｅｒｅ：ショッピングモール
↓ということは誰が来る？
Ｗｈｏ：家族連れ客を中心に大変な人出になりそうだ
↓なら何を売る？

What：魚介類焼きはどうか？
↓なぜそれがいいのか？
Why：屋台でもイカ焼きなど大人から子供まで人気があるし、焼き肉用の機材もそのまま使える
↓どうやって売る？
How：プレートにいろんな種類を盛り合わせたセット商品にし、セルフサービスで焼くようにすれば、ゲーム性も高まり、厨房は店長ひとりでも回せる。

この当てはめ方は、何だか無理がありますよね。

では、この問題はどんなフレームワークを使って考えるべきか？

何だと思いますか？

答え：フレームワークでは解けない。

怒らないでください（笑）。

「ロジカルシンキングを鍛えれば、自動的に問題解決力も高まる」というのは誤解です。

たとえば仮説を立てる場面は、問題解決の定番プロセスの中では、**「原因仮説」**と**「解決策仮説」**の2カ所です。このうち**ロジックで導き出せるのは「原因仮説」**です。

しかし**「解決策仮説」はかなり右脳の領域**であり、ロジックだけでは出てきません。


問題解決はコンサルタントの間では、「アート&サイエンス」と言われるくらい、右脳と左脳のコラボレーション作業なのです。

つまり、「肉の代わりに何を売るか？」を思いつくのは「アート」の部分。つまり右脳系の発想やアイデアが必要です。そして、それが顧客に受け入れてもらえるかどうかを分析し、商売としてペイするか収支をはじくには、「サイエンス」、つまり左脳系の論理的思考や分析力が必要です。このように、問題解決には両

方の能力が必要なのです。

たとえば、あなたは温泉旅館を経営していて、最近は業績が厳しいとします。もちろんお金もない。どうすればいいと思いますか？

まず原因分析をする？　競合調査をする？　ベンチマーキングをする？

そんなことをしても、有名な温泉旅館には到底及びません。

ではユーザーアンケートをとって、マーケットインで考えますか？　でも結局は、価格を下げる、料理の質を高める、部屋に露天風呂をつくる、などしか出てこない。資金力勝負になってしまう。

そう、ここにはロジックではなく、そこから飛躍する創造力、ヒラメキ、発想力が必要ということです。

それでは、思いつきの対症療法になってしまうって？　その**思いつきをデータや根拠で支え、仮説に昇華させるのがロジック**なんです。

さて、僕が考えた後で、次男がとった問題解決策が放映されました。

う〜ん、彼のほうがもっと上でしたね。

彼はエビをメインに、ソーセージや細切れカルビ肉（近所の小売店から少量だけ仕入れることで、利益を確保）を大皿に盛ったコンボセットを出したのです。

で、結果はこれが大ヒット。開店から席が空くことがないほどの大盛況。

なるほど、エビは正月にマッチする食材です。それに肉と言えばソーセージがありますし、子供は好きでしょう。

そして普通の精肉店から定価で仕入れ、1人前の肉の量を減らすことで利益を確保するという手があったか。

確かに、焼き肉屋なのに肉がないのは問題ですからね。

【この章のまとめ】

◇問題解決には〝定石〟であるフレームワーク（思考の枠組み）がある

◇フレームワークに当てはめると、問題を構造化して全体感をつかむことができ、MECE《ミッシー》（モレなく・ダブリなく）な分析ができる

◇ただし、フレームワークで現実の問題が簡単に解決するほど、甘くはない

4章　解決策の「仮説」を立てる

◆限られた情報・時間の中で〝最適解〟を見つけるトレーニング

　さて、この章では「論理的思考」と並んで問題解決において重要な思考法である「仮説思考」について書いていきたいと思います。

　これまでにも、この本の中に〝仮説〟という言葉が出てきました。なぜなら**「仮説」というのは、問題解決策を考える時に、非常に重要な思考法**だからです。

1　仮説思考は〝戦略思考〟と同じ

　仮説思考とは、「今ある情報の中から、一番可能性の高い結論を想定し、それを最終目的地として意識しながら検証を繰り返し、仮説の精度を上げていく」というのが学術的な表現ですが、一言で言うと、「とりあえず答えを出す」ことです。

　仮にその仮説が間違っていても、「なぜだろう？次はどうすればよいだろう？」と考えることで、より精度の高い仮説構築ができるようになり、次からはもっと適切な意思決定ができるようになる。そして、それが短時間でできるようになります。

　仮説がなければ、やみくもに情報収集や分析をして、網羅的になりがちです。時間がかかるし無駄も多くなってしまいます。だから、**問題の原因を探る場合も、解決策を考える場合も、「まず仮説から」**が基本です。

　つまり**仮説思考の最大のメリットは、限られた時間と情報の中からでも、より適切な答えが見つかるようになる**ことです。

仮説思考とは戦略思考と言い換えることもできます。なぜなら経営戦略や事業計画というのも、「こういう手を打てば、売り上げや利益が上がるだろう」という仮説を立てているに過ぎないからです。

2　コンサルタントも実践！「4つの仮説思考トレーニング」

「仮説思考」という言葉はすでにポピュラーになりつつあるので、「その重要性やメリットはわかっている」という人も多いでしょう。そして、みなさんの関心は「どうやったらよい仮説を立てることができるのか？」という点にあると思います。

「よい仮説」とは、「より適切な答え」を「短時間」で出し、それが「アクションにつながる」というものですが、これができるようになるには、繰り返し鍛錬する必要があります。

そこで、この章では、日常生活の中でもできる仮説思考のトレーニング手法をご紹介します。

これは僕だけでなく、いわゆる経営コンサルタントも日常的にやっていることなので、非常に効果が高いと思います。

①最適解に迫る「本質フォーカス」トレーニング

たとえば、かつてマスコミをにぎわせた中国産冷凍ギョーザ問題の本質って何だかわかりますか？　ちょっと考えてみてください。

……いかがですか？

「中国産は危険なので避けよう」ですか？

「どうやって食の安全を確保するか」ですか？

「安いものには理由がある」ですか？

また、世界の金融機関、経済を混乱させたサブプライムローン問題の本質って何でしょうか？

……どうですか？

「ローンが証券化されて影響が広範囲なのが問題」ですか？
「アメリカの不動産価格の暴落が問題」ですか？
「信用力の低い個人に貸し付けることが問題」ですか？

自信を持って答えられる人は、どれくらいいるでしょうか。正直、僕も自信満々ではありません。でも、それでいいんです。世の中で話題になっている事象について、**「この問題の本質とは何か？」を考える習慣をつける**ことが大切なのです。

ビジネスでも同じです。前著『30代で差をつける「人生戦略」ノート』（三笠書房）でも紹介しましたが、電車の中で目にする広告から、「この業界で勝つKSFは何だろう？」と、そのビジネスで「ここを押さえれば勝てる」ポイント、つまり事業の本質を考えるようにするのです。

そして、「自分がこの会社の社長なら、こうやって利益を上げよう」と考えてみる。

いずれもトレーニング材料は無限に転がっていますから、事欠きません。

②観察力もアップする「予測」トレーニング

テレビドラマや連載マンガは、いつもいいところで終わります。そこで、次回のストーリーを考える、という**〝予測トレーニング〟**をしてみてください。その結果は翌週にはわかりますよね。

あるいは他人のライフスタイルを想像してみる。「年齢当てクイズ」「職業当てクイズ」「出身地当てクイズ」「血液型当てクイズ」を職場や飲み会でする場合もあると思いますが、これは観察力と仮説力の両方を鍛えるトレーニングになります。

この際も、当てずっぽうではなく、**仮説の根拠を自分なりに持つ**ことを意識します。

たとえば、「ワイシャツのエリの形がワイドカラーの男性は30代だ」というのが僕の仮説です。

ワイドカラーシャツは、ネクタイを目立たせるためのデザインです。ネクタイを目立たせる必要があるのは、三つボタンスーツを着た時。なぜかというと、3つボタンだと胸元の開きが小さく、ネクタイの見える範囲が小さくなるから。

三つボタンのスーツが主流になり始めたのは、1996年頃。そして男性の場合、あまり自分のファッションスタイルを変えない人が多い。つまり、この頃に社会人になった人は、今は30代なので、「ワイシャツのエリの形がワイドカラーの男性は30代」という仮説を立てたわけです。

明日会社に行ったら、同僚、部下、上司のエリの形を見て、検証してみてください。

仮説思考が単なる「思いつき」と異なるのは、思いつきは根拠がありませんが、仮説は根拠があるという点です。根拠を持って予測するトレーニングをしてみましょう。

③思い込みを予防する「複数オプション」トレーニング

また、仮説思考を鍛えるためには、**「答えはひとつではなく、必ず複数ある」**という前提で考えるようにすることです。

たとえば「この方法しかもう打つ手がない」「これがベストアンサーだ」と思ってしまうと、脳が安心して思考停止状態に陥り、それ以上新しい考えが出てこなくなってしまいます。

僕もかつて冷静さを欠いて、こういう思考に支配され、事業から撤退してしまったことがあります。後から振り返った時に、第3の道、第4の道があったことに気がつき、くやしい思いをしました。

ひとつの答えが明快に示されるのは小気味よいかもしれませんが、問題解決の視点からはむしろ逆。幅広い視点で選択肢を複数出し、そこから目的適合性やメリットデメリットを比較考慮しながら絞り込んでいくことで、検討のモレを防ぐことができます。また、ひとつの方法がうまくいかなくても、すぐ2番目の代替案に移ることができます。

もし、答えがひとつしか出なかったら？

それは思い込みの危険に陥る予兆です。真剣に考えれば、答えがひとつなんてことはあり得ませんから。

ピーター・ドラッカーもこう指摘しています。

「問題の分析によって解決案が一つしか見つからなければ、その解決案は、先入観に理屈をつけたにすぎないものと疑うべきである。」（『新訳　現代の経営』より）

常に複数案を検討するのが「オプション思考」であり、仮説力を高めるには大切な考え方です。

④仮説の甘さをツメる「ツッコミ力」トレーニング

笑い話をひとつ紹介します。

ある科学者が、蜘蛛に関する実験をしました。

蜘蛛を机の上に置き、「走れ！」と叫ぶと、蜘蛛は走り出しました。

次に、彼は蜘蛛の脚を折ってから、また同じように「走れ！」と叫びましたが、脚の折れた蜘蛛はピクリとも動きませんでした。

彼は実験の結果をこう発表したそうです。

「蜘蛛の耳は脚についている」

僕たちは、どうしても自分の意見が正しいと信じたい。でも、そう考えると仮説のバリエーションは増えませんから、あえて**自分の意見に自分でツッコミを入れてみる**。

「まてよ、こう反論される可能性もあるな」と問いかけながら考えることで、自分の仮説をよりブラッシュアップできます。

さらに、自分で立てた仮説を、同僚や上司など、他人にぶつけてみることも大切です。

たとえば、隣の人に、「私は少子化は別に問題なんかじゃないと思うんだけど」と話しかけてみてください。おそらく「何で？」と聞き返されるでしょう。そうすると、あなたは理由を答えなければなりません。

「少子化の問題点は、それが将来の労働人口減を招き、税収減や内需減退となり、医療や年金といった福祉制度も維持できないというところにあるわけだよね。それじゃ、労働人口が減らなきゃいいわけだから、欧米のように、もっと移民を受け入れればいいんじゃないかな？」

すると、こう聞き返されるでしょう。

「でも、日本人が減っちゃっていいの？　外国人が増えれば治安も悪くなるでしょ？」

あなたはこれを論破しなければなりません。

「純粋な日本人を守るべき理由なんてあるのかなあ。もとをたどれば、みんなアフリカから移動してきたそうだし、これからだって変わっていくだろうし。それに外国人といっても不法滞在みたいな人ではなく、アメリカのグリーンカードみたいにちゃんと審査すれば問題ないんじゃないかなあ」

このように、他人からのツッコミを受けると、自分の仮説のあやふやな部分があぶり出され、思考のターボが回り始めます。

ビジネスの場でも、プライベートの場でも、重要な意思決定につながる仮説の場合は、議論を繰り返すことによって錬磨されます。

コンサルタントがディスカッションを重視し、チーム内でのミーティングを頻繁に行なう理由はこの点にあります。

ひとりでつくった仮説はどうしても思い込みに引きずられ、根本的な間違いに気がつかないこともあります。それに、Aという仮説だけでなく、そこにBやCといった意見や仮説をぶつけることで、Zという、よりレベルアップした新しい仮説につながるからです。

また、議論する際は大勢での議論は避けましょう。報告や共有の場ならともかく、人が多いと議論に収拾がつかなくなることが多いし、声の大きな人に引きずられてしまいますから、だいたい3～4人くらいが適当です。そして言葉の空中戦を避けるために、ノートやホワイトボードに書きながら議論するようにしましょう。

3 「フェルミ推定」でワンランク上の仮説思考力を磨く

そして、この〝仮説〟を立てる力を養えるトレーニング方法として、フェルミ推定が話題になっています。

なぜ、初めて勤めた会計事務所をクビ同然で辞めたほどのダメ社員だった僕が、難関と言われる戦略コンサルファームに入れたのか？

それは、このフェルミ推定を訓練したからです。

フェルミ推定とは、把握するのが難しい数字を、ある種の推定ロジックを立てて概数を求めるものです。

原子力の父として知られるノーベル賞物理学者エンリコ・フェルミにちなんで、その名がつけられました。

彼は、コロンビア大学の授業で、「ジュリアス・シーザーが最後に吐いた息の中にある原子のうち、今その何個を呼吸しているか？」とか「世界中の砂浜にはいくつ砂粒があるか？」という問題を出したそうです。

そして、コンサルティング会社の面接試験では、この推定ロジックを立てて概数を把握する問題、発想力を問う問題が出題されているのです。

ではなぜ、フェルミ推定が推奨されるようになってきたのか？　おそらく、今の時代背景に理由があるのではないでしょうか。

僕たちは情報量が増えれば増えるほど、情報に過度に依存するようになります。わからないことがあれば、考える前に「検索」して「本」を買い、さらに情報を集めようとします。

情報を知恵に変換することなく、情報を情報のまま使おうとする。そうしてますます自分の頭を使わなくなり、ますます情報に頼るようになる。

そこで情報を意図的にシャットアウトしてでも、自分の頭でロジックを立てて結論を導くトレーニングをする必要性が高まっている——だから、フェルミ推定が脚光を浴びているのだと思います。

◆フェルミ推定「数字編」

Q　シアトルにあるすべての窓を洗うとしたら、費用はいくらかかる?

コンサルティングファームの採用面接では、**「ロジックで数字を問う問題」**と、**「ロジックで発想を問う問題」**が出されます。数字系のフェルミ推定の中でもおもしろいのは、グーグル社で出された入社試験の問題です。

「シアトルにあるすべての窓を洗う仕事を引き受けたとすると、あなたはいくら請求しますか?」

考えてみましょう。

シアトルの人口を50万人とし、就業・学生人口は8割と仮定します。40万人が勤めたり通学したりする建物で、1人あたり2枚の窓があるとすると、80万枚。

住宅は戸建てが中心と想定し、1軒あたりの窓ガラスが10枚あるとします。1世帯3人が平均だと仮定すると、住宅は50万人÷3人=約16万7000戸あると計算でき、10枚×16万7000戸=167万枚。

建物の窓ガラス総数は、80万枚+167万枚=247万枚と出ます。

次に窓ガラス清掃費用を、時給×時間として計算します。

ビルは足場を組むなど手間がかかるので、建物の窓ガラスの清掃には1枚あたり30分が必要とすると、247万枚をきれいにするには、123万5000時間かかる。

123万5000時間×時給1000円＝12億3500万円の人件費。

自動車（自家用車）は一家に1台あるとして、車は平均6枚の窓があるので、約16万7000台×6枚＝100万枚。

バス・トラック・営業車・タクシー・パトカーなどの業務用車両は、自家用車の30％あると仮定し、100万枚×30％＝30万枚。

自動車の窓ガラスは合計約130万枚。

車の清掃には足場がいらないですが、移動距離を含めて、1枚2分とすると、130万枚の自動車の窓ガラスをきれいにするには4万3000時間かかる。

4万3000時間×時給1000円＝4300万円。

人件費の合計は、12億3500万円＋4300万円＝約12億8000万円。移動手段の経費、洗剤・清掃道具、そして利益を考え、人件費率50％とすると、約26億円を請求する。

ちなみに、この問題を読んだ時、笑えませんでしたか？「シアトル」はグーグルの宿敵マイクロソフトの本社がある都市です。「窓」はウインドウですね。「グーグルに入社する人はマイクロソフトのウィンドウズを洗い流せ」ということでしょうか（笑）。

いずれにせよ、自分で数字をつくる訓練が重要です。他にも、

・ティッシュペーパーの日本国内の市場規模はいくらか？
・日本にバスケットボールは何個あるか？
・日本に箸は何膳あるか？

などがありますが、自分でも無限に問題をつくることができますよね。

フェルミ推定《数字編》

シアトルにあるすべての窓を洗うのに、いくらかかる？

シアトルの人口を50万人と仮定

■就業・学生人口を8割とし、40万人が通勤・通学する建物に1人あたり2枚の窓があるとすると……

→40万人×2枚＝80万枚

■住宅は戸建てが多く、3人家族で住んでおり、家には10枚のガラスがあるとすると……

→50万人÷3人＝16万7000戸

16万7000戸×10枚＝167万枚

建物の窓の合計……80万枚＋167万枚＝247万枚
1枚あたり30分かかると仮定すると、所要時間は123万5000時間

■自動車は一家に1台に窓は6枚あるとすると……

→167万7000台×6枚＝100万枚

■業務用車両は自家用車の30%とすると……

→100万枚×30%＝30万枚

車の窓の合計……100万枚＋30万枚＝130万枚
1枚あたり2分かかると仮定すると、所要時間は4万3000時間

■人件費は時給1000円とすると、

→（123万5000時間＋4万3000時間）×1000＝12億8000万円

■移動手段、洗剤の経費、利益を考え、人件費率50%とすると……

→26億円を請求する

類似の問題集としては『ビル・ゲイツの面接試験―富士山をどう動かしますか？』や『外資系企業がほしがる脳ミソ』などがあります。やってみるとおもしろいですよ。

◆フェルミ推定「発想編」

Q　予算100万円で町おこしの依頼。どう手を打つ？

次に発想系のフェルミ推定の例です。

「ある地方の町から、町おこしの依頼がありました。あなたなら何をしますか？　ただし、予算は100万円だけです」

いかがでしょうか？

「宇都宮のギョーザのように、ご当地名物をつくる」

「さくらんぼの種飛ばし大会のように、何かでイベントを催す」

一般的な人間の思考パターンはこんな感じです。でも、思いつくままにさみだれ式に考えていたのでは、発想が堂々巡りになります。では、何からスタートすればよいでしょうか。

◆「問題点」を洗い出し明確化する

まず、問題点の明確化ですよね。

今、地方の町や村では「過疎化」が進んでいます。人と企業が減っているために、活力が失われ、税収不足になり、財政が厳しい状況になっています。

でも、それは本当でしょうか？　財政とは、「収入」と「支出」で成り立っているわけですから、「税収が足りない」のではなく、「支出が多い」のかもしれません。たとえば人件費が多いとか行政サービスが過剰だとか、無駄な経費を使っているとか。

しかし、ここでは支出は適正にコントロールされていると仮定しましょう。

ということは、問題はやはり人と企業の減少ということになりますか？　そうとも限りません。もちろんその部分は大きいですが、仮に人や企業が減っていても、その限られた人と企業が儲かっていれば税収が確保できます。

たとえば、千葉県浦安市は、千葉県の中で最も行政サービスの行き届いた都市のひとつとして有名です。なぜだかわかりますか？

東京ディズニーランドを運営するオリエンタルランド本社があるからです。

ディズニーランドができた頃の浦安は、田舎町でした。でもオリエンタルランドが儲かって税金を浦安市に落とす。その税金を使って行政サービスを向上させるから、人が移り住んでくる。ますます税収が増え、ますます行政サービスが向上し、さらに街の魅力が高まって人口が増える。

結果、過去10年間の比較では、浦安市は全国主要800都市の中でもトップクラスの人口増加率です。とは言っても、そんな企業の誘致はウルトラC。現実的ではありません。

そこで「人と企業が減った」という点を問題にします。

人と企業が減ると、さまざまな問題が生まれてきますね。行政サービスが悪くなる、電車やバスなどの運行回数が減る、就職口がなくなる、観光客が少なくなるといった問題が考えられます。

そして、やはり一番大きな問題は、「いかにして税収を確保するか」です。

つまり、何のために町おこしをするのかというと、優先順位の一番は「税収を上げる」ため、ということになります。

☆「町おこし」の定義をはっきりさせる

次に「町おこし」という言葉の定義をします。定義がないと、人々がそれぞれ持っている「町おこし」のイメージが異なるため、議論がかみ合いません。よく会議で「そんな小手先の改革ではダメだ」と言う人がいますが、小手先の改革とそうでない改革の違いが共通認識として持たれていなければ、問題解決への道は遠い。

そして、ここで解決したい問題とは「税収不足」ですから、町おこしの定義は次のようになるでしょう。

A「人や企業が多く移り住むこと」（住民税などの税収が直接確保できる）
B「観光客が来てお金を落としてくれること」（町の商店や企業が潤い、税収が伸びる）

次に何を考えたらいいでしょうか？

AとBの両方を狙うのはしんどいですね。

そこで、まずは町が持っているリソースを洗い出すことを考えます。リソースがあればBの定義に基づき、観光客が来るような仕掛けを考えます。

何も特徴がなければ新たに考え出すか、Aの定義に基づき、企業の工場進出や住宅開発を誘致する仕掛けを考えます。

いずれにしても、「何か盛り上がるといいな」というイベントを打ち上げ花火的に一回やって終わり、というのは、根本的な問題解決にはなりません。

◆特産品からブレイクできないか

ここでは、自分たちの町には「オリーブがたくさんとれる」というリソースがあると仮定します。そして、オリーブを核にして町おこしをすることを考えてみましょう。

まずは、オリーブそのものを商品化することを考えます。オリーブオイルやお菓子などがすぐに考えつくでしょう。

さらに一歩進んで考えると、オリーブオイルを絞ったあとのカスやタネなどは、ダイエット食品や飼料・肥料にすることができるかもしれません。

「ゆるキャラ」が流行っているように、キャラクターグッズも、たとえば「オリバーくんとオリビアちゃん」みたいなものをつくる。

オリーブの香水はビミョーかもしれませんが、オリーブ染めとか、乾燥させたオリーブでアクセサリーをつくる。オリーブのテーマソングをつくって放送局や学校に売り込むといったことも考えつきます。

次に、オリーブを観光資源として活かせないかを考えます。オリーブメニューを開発し、レストランやホテルの呼び物にする、オリーブにちなんだイベントを開催するなどが考えられるでしょう。

でも、こうしたアイデアを実行するには、かなりのお金がかかります。そして、予算は100万円しかありませんから、町内の各企業・商店・飲食店などの協力を得なければなりません。

無印良品など大企業とのコラボも考えられます。その場合、彼らにもメリットがなければ動いてくれませんから、「損してトクとれ」ではないですが、協力者が儲かる仕組みを提案することが必要です。

たとえばレストランに提供するオリーブオイルやオリーブはかなり低価格にするとか、オリーブ関連商品の売り上げに応じて手数料を出すといったことです。

そして重要なのは集客です。どんなにいいものを考えついても、全国のお客様に知られて来てもらわなければ意味がありません。

たとえば、デザインを公募制にしてキャラクターグッズをつくれば、商品化と知名度向上の両方に貢献しますね。あるいは、地元出身で、今は都会などで活躍している有名人に協力を依頼することを考えてもよいでしょう。

ちなみにオリーブを題材にしたのは、僕の生まれ故郷である岡山県牛窓町《うしまどちょう》の名産だからです。僕はオリーブに関する商品知識は全くありませんが、それでも考えようとすれば、10分でここまで出てくる。

でも、見ていただければわかりますが、各項目の1階層や2階層までしか考えていません。これをさらに深めて考えていくのが、「本当に考える」ということです。

そして、深く考えれば考えるほど、実現可能性が見えてきます。具体的な実行プランまで落とし込めます。

外資コンサルの実際の採用面接では、やはりこの程度の深さまではつっこんで聞かれます。そしてこうした面接が5〜6回繰り返され、ここをくぐり抜けて初めて採用されるのです。

脳にも背中にも汗びっしょりですが、慣れてくると「次はどんな問題が出されるんだろう」と楽しみになります。

いずれにしても、「考え抜く」というのは脳を酷使する、非常に大変な作業なのです。だから、僕たちは考えなくて済む安易な方向へ流れてしまいがちなんですね。

その他、発想系では、

- 駅前の放置自転車をなくすためには何をすればいいか？
- 少子高齢化を防ぐにはどうすればいいか？
- ネパールで船を売るにはどうすればいいか？
- 電池のシェアを日本一にするにはどういう提案をするか？

などがあります。これも日常にたくさんの問題が転がっていますから、題材には困りません。あるいは、『日本の論点』や、『27人のすごい議論』なども考えるトレーニング材料としておもしろいと思います。

フェルミ推定《発想編》

「予算100万円」で町おこしの依頼

何が問題か？

→過疎化による**「税収不足」**

町おこしの定義は？

→A「人や企業が多く移り住むこと」（住民税などの確保）
B「観光客が来てくれること」（法人税などの税収アップ）

⬇

特産品のオリーブを生かして観光客を誘致する

【商品化】

■食品……オリーブオイル、お菓子、デザート、健康食品

■非食品……キャラクターグッズ、アクセサリー、テーマソング

【観光】

（継続）
■レストラン……町内のすべての飲食店がオリーブメニューを採用
■ホテル……オリーブ化粧品のお試しセットプレゼント

（単発）
■イベント……オリーブ川柳大会、オリーブ料理コンテスト

4　仮説は「実行・検証」することが不可欠

仮説は出すだけではなく、それを実行し検証することが不可欠です。

ここは行動力が必要なところで、詳細は6章に譲りますが、検証をしない、できないことに仮説を立てても、トレーニングにはよいですが、現実の問題解決では無意味です。

「仮説検証サイクルをまわす」という言い方もしますが、同じような方法論に**PDCAサイクル**（Plan **計画**、Do **実行**、Check **評価・監視**、Action **改善**）というのもありますね。

仮説検証サイクルを分解すると、「仮説を立てる」→「実際にやってみる」→「検証し新たな仮説を立てる」→「またやってみる」、を繰り返すということです。

そうやって仮説の精度を高めていくことが大切なのです。仮説は一度立てて終わりではなく、仮説を立てては見直し、そして検証して修正する。そうすれば徐々に、最初から適切な仮説が立てられるようになります。

ここで何か気がつきませんでしたか？

仮説検証のPDCAサイクル

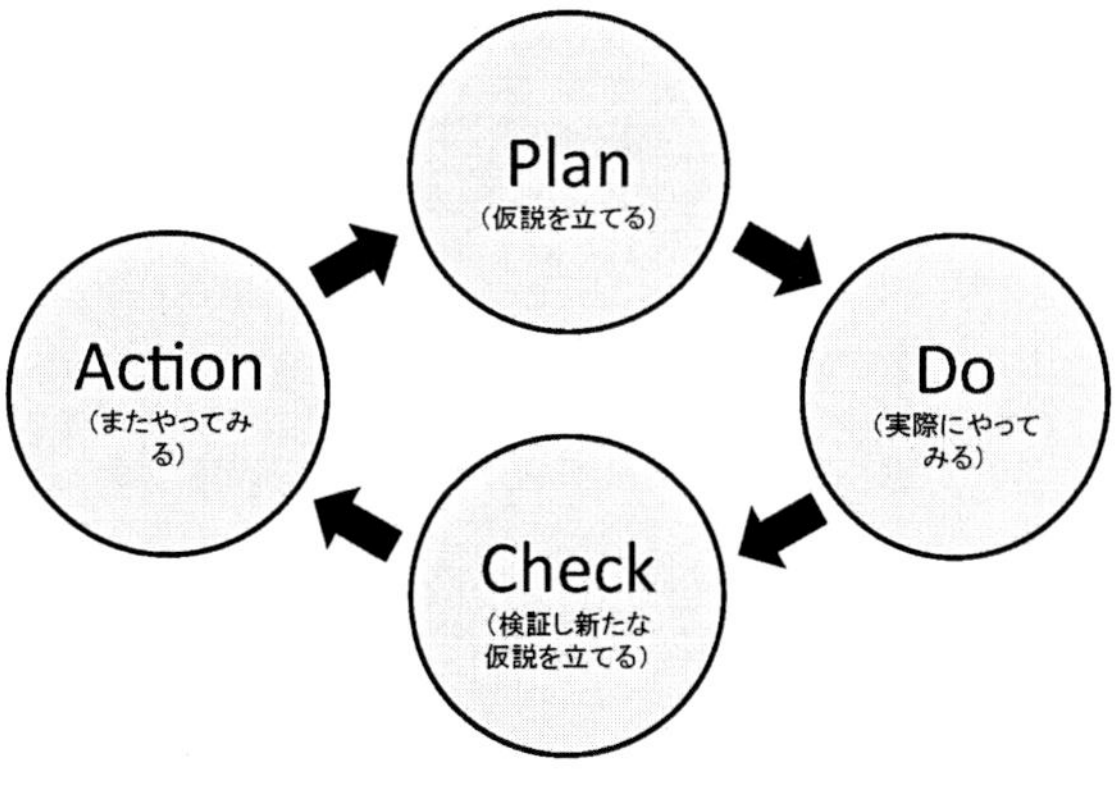

そう、「失敗」というのは、仮説検証のひとつのプロセスに過ぎないということです。

思うような結果が出なければ、その原因を分析してまた試せばいい。ただそれだけのことです。

逆に言うと、失敗しない人というのは、結果がわかり切っている「作業」しかやらない人か、仮説検証力がない人か、あるいはスーパーウルトラ天才か、のいずれかである、と言えるかもしれません。

「失敗とは、より精度の高い仮説を紡ぎ出すための、貴重な材料である」ととらえてみましょう。

【この章のまとめ】

◇限られた時間と情報の中から、より適切な答えを見つけ出すために「仮説思考」が役立つ

◇「フェルミ推定」の問題を解くと、仮設思考が鍛えられる

◇フェルミ推定には、「ロジックで数字を問う問題」と「ロジックで発想を問う問題」がある

5章　さらにぶっ飛んで「発想」する

◆〝すごい解決策〟がひらめく人の習慣

3章で紹介したフレームワークは、問題を発見、分析するため、また論理的思考をするための便利なツールでした。そして、4章で紹介した仮説思考は、限られた情報、時間の中で最適解を見つけ出すための方法論でした。

しかし、誰にでも理解できるロジックで事業を展開しても、一般的な結果しかもたらされないというのは、みなさんも想像できますよね。

ロジカルシンキング、つまり論理的思考力を磨くことは大切です。でも、それがすべてではないということは意識しておいてください。

23歳から29歳くらいまでのかつての僕もそうでしたが、ロジカルシンキングの本を読めば、なんとなく賢くなった感じがして、知的好奇心が満たされました。そういったビジネススクールやセミナーに通うと、「がんばってる自分」に酔い、自己満足していました。

でも、それだけじゃ問題解決はできないんです。

1　創造的解決のためには「ロジカルシンキング＋直感」が必要

世の中を見渡すと、みなが理解できないもの、みなが反対するものこそがヒットにつながった、という事例は枚挙にいとまがありません。〝理詰め〟で考えることも大切ですが、それだけでは無難な解決策しか思いつかないのも事実です。

レオナルド・ダ・ヴィンチは「創造しようとするならば、直感に従いなさい」と言いました。岡本太郎も「常に猛烈な素人として、危険を冒し、直感に賭けてこそ、ひらめきが生まれる」と言いました。

鮮やかな問題解決のためには、あともう一歩、ジャンプしたアイデア、ぶっ飛んだ発想、〝直感〟からきた答えが必要になります。

もちろん、直感とは単なる「思いつき」ではありません。多くの経験や知識が自分のものとなった時、瞬時に正しい答えが導き出されるのです。

直感とは、思考の錬磨の中で生まれてくるもの。必死にもがいた経験の記憶がパズルのように組み合わさり、突如降ってくるのです。

世の中の価値観を丸ごとひっくり返すような斬新な提案をしようとするのが、ビジネスのおもしろいところ。僕はまだまだ納得できるほど実現できていませんが、考えるだけでワクワクしませんか？

2　一瞬で右脳が目覚める「9つの脳トレーニング」

では、直感力、あるいは発想力を鍛えるためには、どうすればよいのか。この章ではこのテーマについて考えてみたいと思います。

①前例・常識を打ち破る「視点ずらし」

僕の友人で加工食品卸《おろし》の経営者がいます。その会社はもともと彼の両親が創業したものですが、彼が加わったことで、売り上げは3倍以上に伸びました。その理由は、営業の優先順位付けをずらしたことにあります。

普通の零細企業であれば、まずは自社と取引してくれそうな、やはり中小規模の地元スーパーから営業をかけるでしょう。なぜなら、大手は信用力のない自社など相手にしてくれないのではないか、という発想に陥ってしまうからです。

しかし彼は、全く逆の発想をしたのです。つまり、「大手が自社商品を採用してくれれば、その信用力で中小はすぐ落とせる。まずは大手を攻略しよう」と考えたのです。

彼は、すぐに総合スーパーのイオンを攻略しました。でも、さすがにアポイントを取るまでが大変。アポがとれても原価交渉が厳しく、なかなかまともな商談に結びつきません。そこで、イオンの戦略分野であるPB商品（トップバリュ）をつくる、ということでやっと取引を成立させることができました。

そして、イオンが取り扱いを始めたという実績をひっさげて営業をかけると、無印良品など他の小売業にも続々採用が決まり、売り上げが急拡大したそうです。

このように**「ずらす」発想**によって、今までとは違った結果を手にすることができるのです。以下、その方法論を紹介します。

☆課金方法・時間軸・空間軸をずらす

東京ドームシティ アトラクションズ（旧後楽園ゆうえんち）に行ったことってありますか？

全国のテーマパークは東京ディズニーリゾートとユニバーサル・スタジオ・ジャパン以外は、相当苦しい状況だそうです。しかし、ここは**「課金方法をずらす」**という方法でテコ入れに成功しました。

従来のテーマパークとは異なり、入園料をタダにしたのです。入園料をとると、来る人の心理的ハードルが高くなる。でも、とりあえず入ってもらえば、お金を使ってくれると考えたんですね。

確かに、とりあえず気軽に入ってみて、猛スピードで駆け抜けるジェットコースターを間近で見れば乗りたくもなります。私はつい乗ってしまいました、はい。

同様に、「課金方法をずらす」ことで大繁盛しているゲームセンターがあります。かつてはゲーム機1

台ごとにお金を入れてプレイするスタイルが主流でしたが、「15分100円で、どのゲームも遊び放題」としました。

ネットカフェなどと同じく、時間内なら何でもできる、という気ままさがヒットの要因でしょう。そこは最新ゲーム機ではなく中古ゲーム機を仕入れることで出店コストを抑え、値段の安さを実現しています。

「1円パチンコ」も有名ですね。玉1個あたりの値段と換金率を下げ、「ギャンブルから娯楽へとずらす」発想で成功しました。ここもまた型落ちのパチンコ台を仕入れてコストを下げています。

「賃貸住宅は月ごとに家賃が発生する」という常識をゼロベースで考え、**「時間軸をずらす」**ことで「マンスリーマンション」や「ウイークリーマンション」という方法が出てきます。

「結婚式はホテルや教会で挙げるもの」という常識をゼロベースで考え、**「空間軸をずらす」**ことで「レストランウエディング」「邸宅風ウエディング」という方法が出てきます。

僕は投資関連の仕事をしていますが、「収益不動産の仲介」に特化しています。でも、そんな会社はたくさんあります。

ですが、そこに「コンサルティング」という概念を持ち込み、競合しない環境をつくろうとしています。これも、他の不動産会社の発想とずらしているのです。

プライベートでも同様で、旅行は平日に行くようにしていて、「他人の行動とずらす」ことで安価で快適な旅行を手に入れています。

他人と「ずらす」ように意識することは、思わぬエアポケットを発見できる発想のもととなります。

◆図形クイズで〝ずらし視点〟を鍛える

《クイズ1》　次ページの次の絵を見てください。これはカエルの絵だと思いますか？　本当のタイトルは違います。何かわかりますか？　左に90度傾けて見てください。わかりましたよね。

《クイズ2》　次ページの左にあるのは何の絵だかわかりますか？

画面・書籍を水平にして手前から見てください。この絵のタイトルは「6人の男」です。

《クイズ1》

《クイズ3》　AとB、全く同じものが２つあります。重さも形も材質も全く同じです。でも、この２つを水に入れると、一方は水に沈み、一方は水に浮きました。なぜでしょう？

答え　お椀なら、水平に入れれば浮きますし、縦に入れれば沈みます。

ずらすというのは、ちょっと視点を変えてものごとを見る、ということです。

こうしたクイズや図形パズルなどを、隙間時間や移動時間などに普段から挑戦していると、楽しみながら〝ずらす思考〟や右脳が鍛えられます。

《クイズ2》

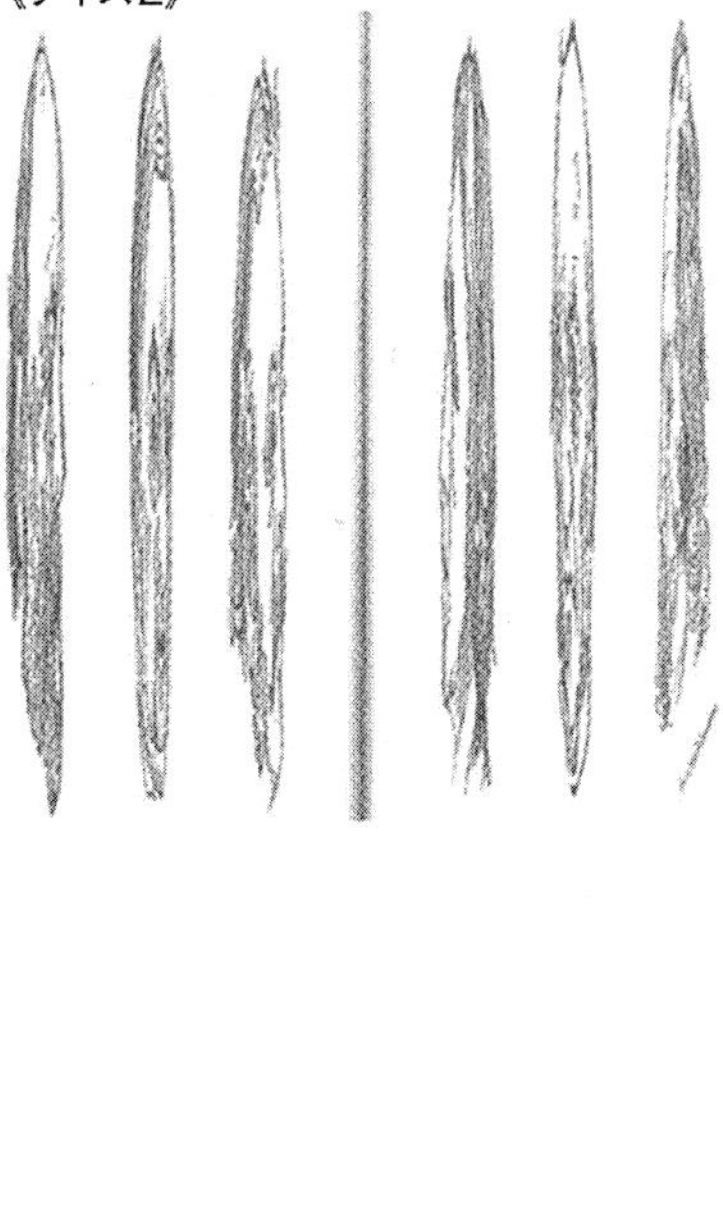

②立場軸を自在に変える「アウトサイド・インサイダー」トレーニング

また、問題解決の発想力を鍛えるためには、**常に「アウトサイド・インサイダー」でいる**ことが大切です。

これはコンサルタントが使う言葉ですが、**「第三者的視点を持った当事者」**という意味です。

前著でも書いたように、**当事者意識は仕事を充実させるために必須**です。同時に、問題解決においても必須です。「自分が何とかしなければ」と思う意識こそが、他人には見えない問題点に気づき、解決策をひねり出し、行動に移す原動力になるのです。

しかし、思い入れが強すぎると、時として「自社に有利なように解釈し、本当は問題だけど楽観視しすぎてしまう」危険性があるし、あるいは「自社に不利なように解釈し、あきらめる言い訳をしてしまう」危険性がある。

そこで、第三者的に見ようとすることで、全体像を見渡し、思い込みで突っ走ることを防ぐことができます。将棋の対局をかたわらで見ていると、当事者よりもよい手が見えたりすることがあるのと同じです。

立場が変われば視点が変わります。たとえば、平社員と社長では、見ている世界が違うのは当たり前。サラリーマンと個人事業主では、視点が違うのは当たり前。消費者と企業では、考えが違うのが当たり前。

僕はよく「メガネを取り替えよう」と言っていますが、「自分」「家族」「顧客」「会社」「上司」「部下」「社長」「相手」と、視点移動が自由にできると、複眼思考が身につき、ひいては発想力にも幅が出てきます。

③革新を生み出す「E《イ》C《ク》R《ル》S《ス》発想」

E《イ》C《ク》R《ル》S《ス》発想というのは、**捨てる**（Eliminate）、**統合する**（Combine）、**置き換える**（Re-place）、**簡素化する**（Simplify）、という有名なアイデア発想プロセスです。

次のような感じです。

◇捨てる……子供市場を捨てる、顧客の声を捨てる
◇統合する……携帯電話と電子マネーを統合する、家事と仕事の時間を統合する
◇置き換える……国産を中国産に置き換える、平日を土日に置き換える
◇簡素化する……機能をひとつにする、ワンチャートワンメッセージにする

◇**捨てる**

たとえばセミナーでも本でも、すべての人を満足させることはできません。ターゲットを絞らなければ、ニーズとのミスマッチでクレームのもとです。僕の会社の不動産投資セミナーは、「本業を持つ忙しいビジネスマン」に限定して、それ以外の顧客層はあえて捨てることにしています。

◇**統合する**

「雪見だいふく」というアイスクリームをご存じでしょうか。アイスクリームと大福を結びつけたロングセラー商品ですが、組み合わせの妙です。同じようなコンセプトで「モチクリーム」というお菓子があり、秋葉原の販売店にはいつも行列ができています。

◇**置き換える**

僕はビールが大好きです。でも僕は「違いのわかる男」じゃないので、「ビールの味がする」「価格が安い」「適度に酔える」で満足する人です。僕のような人も多いのではないでしょうか。

こんなニーズに応えたのが、サッポロビールの「ドラフト生」です。

酒税法の枠組みの中では、ビールは税金が重くて価格を下げられない。でも家庭で楽しむには安いほうがいい。そこで、ビールは「麦」からつくるを置き換えて、「エンドウ豆」からビール風味のアルコール飲料をつくったのです。

◇**簡素化する**

携帯電話の料金プランはかなり複雑化しています

が、その中でも「定額プラン」というのはわかりやすいので、今、人気を集めています。

たとえば、１００種類以上もメニューがあったにもかかわらず閑古鳥が鳴いていた中華料理店がありましたが、30種類のベーシックメニュー＋５種類の月替わりメニューに一新したところ、またたくまに繁盛店になりました。

　複雑なものをシンプルにすることで、インパクトの強い解決策が生まれてくるのです。


　このＥＣＲＳ発想に困ったら、同義語、関連語を表示してくれるシソーラス検索を使ってみてください。発想に詰まったら、こういうものを利用する手もあります。

④ぶっ飛ぶ発想を生む「編集力」トレーニング

　発想力を鍛えるには、**「編集力」**を磨くことも大切です。つまり、**既存のもの同士の〝斬新な組み合わせ〟を考える**ということです。これができれば、無限に商品をつくり出せます。

　ディズニーの『シュレック』というアニメ映画を覚えていますでしょうか。「おとぎ話っぽい映画かな？」と思って観ると、まったくさかさまですね。主人公は超下品で、プリンセスはカンフー使い。最後は、シンデレラと白雪姫がブーケを巡ってとっくみ合いをします。

　従来のおとぎ話にはなかった、ぶっ飛んだストーリー。シュレックは人気を博してパート３まで映画化されました。


　奇抜な帽子をかぶった女性が「私が社長です」……というビジネスホテルの広告を見たことがありますか？　ぶっ飛んだ人も多いのではないでしょうか。僕はぶっ飛びました。どういう社内のコンセンサスがあったのかわかりませんが、別の意味で目が釘付けになりました。

　でも結果はあのとおり、知名度向上には大成功だと思います。実際、女性ひとりでも気軽に泊まれる清潔感あふれたビジネスホテルとして人気です。ちなみに僕もよく利用します。

ルーズソックスを覚えているでしょうか。もともと登山用の靴下から発想されたもので、仙台発祥説や水戸発祥説があります。登山用靴下を女子高生のファッションに取り入れるなんていう発想がスゴイ。

「下品な主人公＋カンフー使いのプリンセス」「ビジネスホテル＋奇抜な帽子をかぶった女社長」「登山用の靴下＋女子高生」。いずれもすごい発想です。

普段から、全く関係のない複数のものを結びつけて関連性を見出す訓練をしていると、アイデア発想の柔軟性が高まります。

コンサルタントがよく使う言葉に「ぶっ飛んだ発想」があります。

「それはぶっ飛んでいるか？」「ぶっ飛び度が足りないね」「もっとぶっ飛べよ」と使います。もちろんその「ぶっ飛び度」という尺度は基準化しにくいのですが、右脳的飛躍発想を引き出すには格好の合い言葉です。あなたも〝ぶっ飛び〟を目指してください。

⑤すごいひらめきを生む「インサイト」トレーニング

また、コンサルタントがよく使う言葉に**「インサイト」（洞察、眼識、見識）**があります。「その情報から得たインサイトは何だ？」という使い方をします。

今や最新ニュースも含めて、ネット上であらゆる情報を入手でき、インターネットで検索すれば、あらゆる知識にアクセスできます。つまり、素人と専門家との情報格差は、昔ほど大きくはなくなってきたということです。

知識そのものの価値が今後小さくなるという仮説に立てば、情報量ではなく、そこから何を見出すかが重要になってくるということです。そこで、**同じ情報**

からでも、他人より深いところの意味合いを洞察する力を磨くことが必要です。

たとえば僕はネコを飼っていますが、ネコは昼間の明るい時は瞳孔が小さくなり、「獲物を狙う野生動物」という印象です。夜は瞳孔が開き、黒目が大きくなって、くりんとした目が愛らしい。

ネコの瞳孔の観察から、どういうインサイトが導けるか？

おそらく人間も同じで、暗いところでは瞳孔が開いて黒目が大きくなり、魅力的に見えるはず。ならば「愛の告白」は薄暗いバーなど暗いところが効果的だろう。

そんな下世話な話はともかく（笑）、インサイトを導くトレーニングを３つ紹介します。

まず、**情報を点ではなく、線や面で見る**ことが大切です。つまり、**ある瞬間の事象を見るよりも、その一連の流れを見る**ということです。そのためには、新聞や週刊誌などの断片的な情報だけではなく、月刊誌や書籍で体系立った情報にもあわせて触れることです。

２つめは、**高速大量インプット**です。これは、物流なら物流、人事制度なら人事制度など、**あるひとつのテーマについて、短期間で大量の資料や文献データを読み込む**ことです。コンサルタントがプロジェクトをクライアントに売り込みに行く際などによく行ないます。こうすることで、その分野の理解が一気に高まりますから、**脳のアンテナが超高感度になってひらめきが起こりやすく**なります。

３つめは、**周辺分野を理解する**こと。たとえば自動車産業には、素材・部品・塗装・検査などたくさんの周辺産業がありますから、それら周辺産業の現状や課題を理解することで、本丸の自動車メーカーがとるべき対策も、視点の高い案がひらめきます。

自分の専門分野も同じで、経理部門なら国際会計基準を勉強してみる、営業ならＮＬＰ（神経言語プログラミング）を勉強してみる。全く違うことではなく**周**

辺分野を理解することで、視野を広げ、本業へのインサイトを導けるようになります。

⑥コンサルタントの合い言葉「ＭＯＲＥ＆ＭＯＲＥ」

経営コンサルティングの現場で、「So What?（だから何？）」「Why?（何で？）」「Is that true?（それ本当？）」という言葉がよく使われているのは、かなり有名になってきました。

この他にも、発想力を促すための大事なフレーズがあります。

それは「**More（もっと）**」です。

多くの人は何かひとつ、いいアイデアを思いついたら、それに満足し、そこで考えるのをやめてしまいます。そこで、もうひと踏んばりひねり出す習慣を身につけることが大切です。「ぶっ飛ぶ」発想は、ここから生まれます。

「もっとおもしろい案はないの？」「もっと斬新な方法はないの？」「もっと他にないの？」と、「もっと」を繰り返し、さらにクライアントをあっと言わせる提案をひねり出す努力をしているのです。

ただの水なら１本１００円
もっと！
健康にいい水なら１本２００円
もっと！
やせる水なら１本５００円
もっと！
若返りの水なら１本１０００円
もっと！
日本ならそうだよね。じゃ砂漠のど真ん中で売ったなら、ただの水が１本１万円！

こういった具合です。実際、富士山のふもとで売っているホットコーヒーは１杯１５０円ですが、五合目では１杯３００円で売っています。山頂だと１杯５００円でした。

「もっと」という言葉を繰り出すのは、より強烈なインパクトのある解決策やアイデアをひねり出す時に有効です。

⑦問題解決プロフェッショナルになる「WIN-WIN発想」

ビジネスの場面でも、プライベートの場面でも、誰でも自分がトクするように考えがちです。

モメた場合は双方が納得する解決策を見つけるのは難しいのが現実ですが、それでもやはり**WIN-WIN**を意識してコトにあたりたい。そのためにも、1章で書いたとおり、どんな職業・職種であれ、**「自分の仕事は問題解決業である」**と認識することです。

たとえば、印刷会社は、どんな問題を解決する仕事か?

印刷会社に印刷物を発注する企業の立場になってみてください。なぜ印刷物をつくりたいのか? たとえば、会社案内なら「優秀な人材を採用するため」、チラシなら「売り上げを上げるため」に印刷物をつくりたいと考える。

だから、そんな企業の問題解決を、印刷物という視点で提供するということです。

食品スーパーへ折り込みチラシの受注を営業しに行っても、「ただ刷る」のではコストの安いところにスイッチされます。

そこで、そのスーパーが中心となって地元商店会を巻き込み、「〇〇商店街の新鮮くいだおれ市」というイベントを定期開催して、そのための共同販促チラシや地元で使えるフリーペーパー、ポイントカードをつくり、みんなで盛り上げて売り上げを上げましょう、という提案をしてみる。

「印刷の仕事をとってくる」という発想ではなく、「相手の問題とは何か? それはどうすれば解決できるか?」「この方法はみんながハッピーになるか?」という発想に切り替える。

そんなWIN-WINの問題解決は、差別化につながり価格競争から脱却できます。

常に意識すべきは、**「自分の仕事は顧客の問題解決業である」**です。

そうすると自然に、「では、その顧客の問題とは何か?」という発想に帰結します。それが健全な好奇心となり、顧客の業界やビジネスについて、より深く調べます。

それは結果として、より有益な提案につながり、顧客に喜んでもらい、より多くのお金を払ってもらえるようになるのです。

⑧過当競争でも必ず勝つ「差別化」思考

また、**お金を稼ぐ発想力を鍛えるには、「自分の商品・サービスを欲しがる顧客は、いったいどこにいるのか?」を考える習慣が必要**です。

僕はタクシーの中で電話などひとしきり自分の用件を済ませてしまうと、運転手さんによく話しかけます。どのあたりが混むようになっているかとか、最近どんなおもしろい客がいたかとか、いろいろ話題を試しますが、「運賃が値上げされて影響はどうですか?」と聞くと、ドライバーの問題解決能力の差が見えてきます。

多くの運転手は「客が減って厳しいねえ」という反応ですが、そんな中で「儲かってますよ」という、おもしろい運転手さんがいました。

彼曰く、タクシーで稼ぐには「流す」か「待機する」か「固定客を増やす」かのどれかしかないが、発想が貧困な運転手は「ただ街を流す」「駅やタクシー乗り場で待機する」「名刺を渡す」しかしていないと言うのです。

では彼は何をやっているのか?

・有名歌手のディナーショーのスケジュールを調べ、そのホテル近くで待機。ディナーショーに行く人は裕福な人が多いので、タクシーに乗るのに抵抗がない。
・雨の日は歌舞伎座や結婚式場近くに待機。濡れるのを嫌う和服やドレスの客が乗る。
・高級料亭から「予約3台」の無線が入ると、最後尾につける。なぜかというと、1台目は偉い主賓、2台目は招待した企業の取締役、3台目が幹事役の課長。誰が最も長距離を乗るかというと、都心から少し離れたところに住んでいる課長。
・お中元やお歳暮の時期は百貨店の前で待機。最近はそうでもないらしいが、たくさんの買い物があるのでタクシーを使う。
・引っ越しシーズンは駅近くの量販店、ディスカウントストア、家具店の前で待機。クルマを持たない若いひとり暮らしやカップルが購入した家財道具を持ち帰るから。
・冬はカゼが流行るので病院の前で待機。近距離だけど回数で稼げる。

このように、「顧客はどんなシーンでタクシーに乗りたいと思うのか？」「そのシーンをとらえるには、どこに行けばいいのか」を考えれば、儲けることは十分可能だとのこと。なるほどね！

タクシードライバーの問題解決、すごい人もいるものです。

⑨他人には見えないヒントをつかむ「セレンディピティ」トレーニング

セレンディピティという言葉があります。辞書には**「当てにしていなかった幸運を偶然見つける能力」**とされており、科学的発明や発見が例としてよく使われます。

植物採集で森を歩いていたら古代遺跡を偶然発見したとか、実験の副産物が大発明に至ったとか、何気なく見ていたことがきっかけになって画期的な発見をしたなどという場合に、それをした人をさして「セレンディピティがある」とか「セレンディピティ能力が高い」とか言います。

では、セレンディピティは、運のいい人だけに備わっているのでしょうか。いいえ、そうではありません。

『地下鉄ののりかえ便利マップ』をご存じでしょうか。

このマップの考案のきっかけは、開発者の福井泰代氏が、夏の暑い日に子供をベビーカーに乗せて出かけていたことだったそうです。

乗り換えで地下鉄の駅中を歩いているうちに疲れ果ててしまい、「乗り換えに近い場所が前もってわかれば便利」と考えたのだそうです。

そして週末ごとに夫に子供を預け、都内の地下鉄駅を自力で調査。２００以上もの駅にあるエスカレーターやエレベーター、トイレなどの位置、別路線への乗り換えに便利な車両はどこかをメモしまくる日々。

そうしてできた莫大な記録をまとめて企画書にして、50社以上をまわってついに採用へとこぎ着けたそうです。

その後、自己資金で会社を設立し、『電車&地下鉄のりかえ便利ＭＡＰ』は、都営地下鉄、営団地下鉄への導入が決まっていきました。

福井氏はもともと育児用品の発明が趣味だったそうですから、日常の不便に対する問題意識が非常に高かったのでしょう。その後の行動力もすごいの一言ですが、問題意識を持って日々を過ごしていたからこそ、「あったらいいな」という気づきが得られたのです。

今まで多くの人が同じようなことを思いついたはずですが、それを形にしたのが彼女だったのです。

問題解決は、「問題を発見しよう」「問題を解決したい」という意識や欲求なしにはあり得ません。**セレンディピティは、単なる幸運ではなく、問題意識を持って行動することで他人には見えないヒントやチャンスに気づくこと**なのです。

3　感動&リラックス状態になると、斬新な案が降りてくる！

この章の最後に、あるイタリアンレストランの素晴らしい〝問題解決の発想法〟を紹介したいと思います。

その店の従業員の接客レベルはかなり高く、顧客からも定評があります。でもオーナーシェフは、さらに上を目指して、地域ナンバーワンにしたいと考えています。

このオーナーシェフは何をしたと思いますか？

なんと、高級リゾートにスタッフ全員を連れて遊びに行ったのです。２泊３日のツアーで、もちろん費用はオーナー持ち。

さすが世界に名だたる有名リゾートだけあって、ホスピタリティあふれるその接客や雰囲気づくりはまさに感動の連続。スタッフの給料ではとても行けないところだけに、今まで見たことのない世界を垣間見たようで、全員「スゴイ!!」の連呼です。

スタッフの中には、「どんな研修とかやってるんですか？」とリゾートのスタッフに聞きまくる人まで現れる始末。

最終日の夜、フロア長の部屋に自主的に集まったスタッフたちは、それぞれ感じたことを発表し合いました。旅行から戻ってからの彼らの接客が、もうワンランクアップしたのは言うまでもありません。

「この方法がよい」と言っているわけではありません。

マジメ一辺倒で考えるだけではなく、ちょっとふざけてみる。

そして、解決方法で大切なことのひとつは、**「その方法を選ぶとワクワクするか？」という視点**です。

その解決方法を言い出した時、周りやメンバーに笑みが出て、「それ、いーじゃない！」「おもしろそう！」という声が上がったか？　ということです。

「苦しい時ほどユーモアを」とは、ウォルマート創業者のサム・ウォルトンの言葉です。

【この章のまとめ】

◇ロジカルシンキング（論理的思考力）を磨くことは大切だが、それだけでは無難な解決策しか思いつかない

◇鮮やかな問題解決のためには、あと一歩、発想をジャンプさせた、ぶっ飛んだ答え、直感からきた答えが必要になる

◇直感とは単なる〝思いつき〟ではなく、多くの経験や知識が自分のものになった時、経験の記憶がパズルのように組み合わさり、突如として降ってくる

6章　戦略を自信をもって「実行」に移す

◆「思考」を「行動」に直結させ、「成果を出す」ために

さて、やっと前書きが終わりました。

「えっ？　どういうこと？」

と思ったかもしれません。

どんなに素晴らしい問題分析や解決策の策定が机上でできても、それを実行に移して現実を変えなければ、問題解決ではありません。

ビジネススクールでは、たくさんのケーススタディを検討します。学校の勉強であれば、それでいいかもしれませんが、現実のビジネスは感情を持つ人間で構成され、打ち手も人間が実施しますから、障壁も多いものです。

自分の問題解決も結局は自分が動かなければならないのです。早起きして勉強することが問題解決なら、実際に「早く起き」て、「勉強する」ことが必要なのです。

針があれば服を縫うことができます。さらにミシンがあれば、もっと高度な縫い方ができる。よい道具を使えば、よい問題解決ができそうに思えます。だから、問題解決ツールやフレームワークにこだわる人も多いのです。

確かに、経営コンサルタントは数々のツールやフレームワークを使います。でも、それだけで解決できるほど現実は簡単ではありません。

ビジネスパーソンにとって、机上で問題解決の本を読んでわかった気になるだけでは、それは単なる「パ

ズルゲーム」にしか過ぎません。**現実の問題解決は、「実行」に神髄があるのです。**

1　どんな戦略も〝実行〟に移さなければ意味がない

思考と行動の間には、「次元が違う」と言ってもいいほどの大きな隔たりがあります。

見たり聞いたりするだけで行動しない。評論するだけで行動しない。これでは、一向に問題解決力は高まりません。

これは、企業レベルでも同じで、せっかく策定された戦略が行動に移されないことは、多々あります。そこで、経営コンサルティングファームの多くは、行動を促すための具体的な方法論（メソドロジー）を持っています。

たとえば、僕がかつて勤めていたアーサー・Ｄ・リトル（ＡＤＬ）は、描いた戦略を実行に落とし込むこと（インプリメンテーション）の支援に定評がありました。

経営統合後の企業カルチャー融合のためのコンサル案件の依頼も増えていました。なぜならＭ＆Ａで失敗する要因の大半はカルチャークラッシュであり、実際に組織統合に苦労する企業が多かったからです。

また、企業の大変革も、だいたい従業員の感情的な反発で頓挫《とんざ》します。

たとえば、ＡＤＬには、ＶＬ＆Ｐ（ヴィジョナリー・リーダーシップ＆プランニング）というメソドロジーがあります。これは個人ヴィジョンと組織ヴィジョンの一体化を図る組織変革のためのプログラムで、改革に向けた組織内の求心力を高める方法論です。

メソドロジーは基本骨格に過ぎず、もちろん実際にはその組織風土や経営トップの考え方に合わせてチューニングしなければなりません。僕もさまざまなインプリ系プロジェクトで、このＶＬ＆Ｐを設計・適用しましたが、変革を嫌う年配層や、斜に構える中堅層が次々と意識改革されていくのは、見ていて小気味よいくらいでした。

コンサルティングをやっていて感じたことは、**「ビジネスで起こる問題のほとんどは解決方法がある」**ということです。論理的に考えれば、問題の原因を突き止めることはそう難しくないし、原因が突き止められれば多くの場合、解決策も見えてくる。

しかし、同じ答えを出しても、**実行できるかどうかで差がつく**。結局はそれを**一番うまく実行した企業が勝つ**のです。

2　今すぐ問題解決に向けた行動を起こせる「5つの心得」

このように、どんなにロジカルシンキングをしても、完璧な戦略を立てても、実行されなければ何の意味もありません。だからこそ、真の問題解決能力とは「考えたこと」と「行動」を直結させ、「成果を出す」ことでもあるのです。

ソニー創業者の井深大氏が言うように「アイデアが重要なのではない、ひとつのアイデアをどうやって具体的にしていくかが重要だ」ということです。

ウォークマンがヒットしたのも、高度な技術力を結集したものというよりも、いつでもどこでも音楽が聴ける道具をつくったことに意味があったからですから。

でも僕を含め、多くの人は頭の中で勝手な失敗ストーリーをつくり、やらずにあきらめる。

「想いをカタチにする」ということは、思いのほか難しい。そこで、自ら果敢に行動できるビジネスパーソンになるための心得を紹介したいと思います。

①いつも「危機意識」を持って仕事にあたる

かなり古いですが、『ボディガード』という映画をご存じでしょうか？　ケヴィン・コスナーとホイットニー・ヒューストンが共演した大ヒット映画です。

その中でケヴィン扮する敏腕ボディガードのフランクは、ホイットニー扮するレイチェルにこう言います。

「どんなに優秀なボディガードでも、生きたいと思わない人間は守れない」

要するに「危機意識のない人は守ることができない」ということです。問題解決も同じで、危機感のない人には問題が見えないし、まして解決することなどできはしません。やるべきだと頭では理解していても、腹に落ちないので行動に結びつかない。

だから、**問題解決には危機感の醸成が必要**なのです。

◆問題は隠さず「見える化」する

危機感を持つには、問題を「見える化」することが大切です。

トヨタのカンバン方式やジャストインタイム生産方式は有名ですが、トヨタの問題解決の神髄は、問題を「見える化」することから始まります。

一例を挙げると、生産現場のラインが止まることなく動いているのは、「問題がない」のではなく、**「問題が見えなくなっているだけ」**だと考えるそうです。

つまり、3人でできるところを5人でやるからラインが止まらないのではないか。

後工程に影響しないようにと、予備の在庫を増やしているからラインが止まらないのではないか。

必要数ではなく稼動率を重視するから在庫が増えるのではないか。

そこで、5人でやっているところを、3人に減らしてみる。仕掛かり在庫を5個から1個に減らしてみる。顧客満足とは関係ない「稼動率」をいったん無視してみる。すると、ラインが止まるなどの問題が出てくる。

そうやって問題点を顕在化させているそうです。

アーノルド・シュワルツェネッガーが映画俳優を目指してボディビルを始めた時、かなり太っていたそうです。そこで彼はどうしたか。いつも小さめのTシャツを着ていたそうです。

すると、ぽっこりおなかがTシャツの裾からはみ出て、恥ずかしい。恥ずかしいから何とかしたい。恥ずかしいのがイヤだからダイエットに励んだ。結果、ボディビルチャンピオンになり、映画俳優の夢も叶ったそうです。

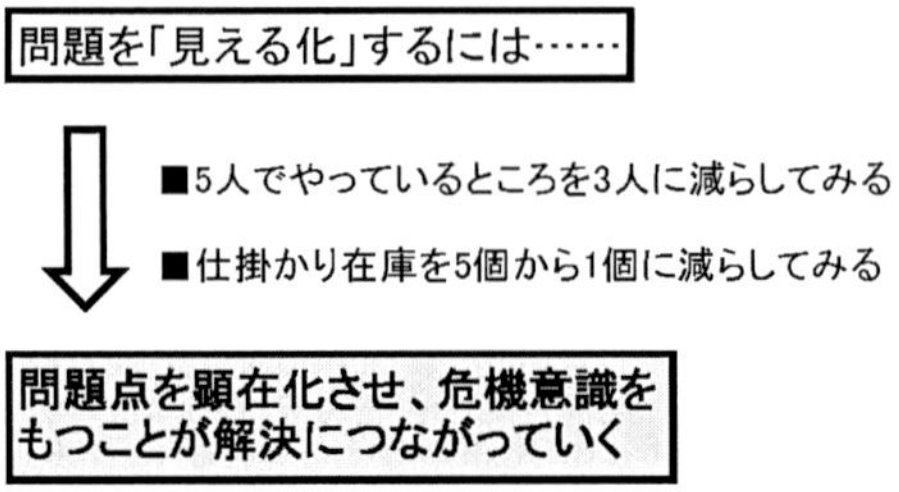

問題を「見える化」するには……
■5人でやっているところを3人に減らしてみる
■仕掛かり在庫を5個から1個に減らしてみる
問題点を顕在化させ、危機意識をもつことが解決につながっていく

普通は問題を隠そうとする。だから安心して誰も手をつけようとしない。でも問題が見えれば、誰もが「イカン」「ヤバイ」「困った」と危機感を持ちます。だから解決したいと思うのです。

②多くの人を「巻き込んで」動く

ビジネスは多くの人を巻き込まなくては、成り立ちません。しかし、号令だけでは人は動きません。もちろん、ロジックだけ振り回しても、「言っていることはわかるけどさあ……」となります。そこで必要になるのが**「他人を巻き込む技術」**です。

◆人の感情に注意を払う

人の行動を動機付けるのは、ロジックではなく「感情」です。組織は「人」が動かしています。問題解決の打ち手も「人」が実行します。だからこそ、ビジネスにおいては「感情」に配慮したアプローチや運用の工夫が重要なのです。

僕がコンサル時代、ある老舗企業の経営合理化で取り組んだプロジェクトがあります。現場の生の声を聞くべく、インタビューに行ったところ、訪問早々、「あの〜、私たちの仕事、なくなっちゃうんでしょうか？」と聞かれました。

僕はプロジェクトの意味が正しく現場に伝わっていない、と血の気が引きました。実際、合理化反対の意見に押しつぶされてしまいそうな場面が多々ありました。

また、ある日の中間報告で、子会社の非効率的な業務プロセスを指摘しました。そこにはたまたまその子会社の幹部も来ており、ミーティング終了後、別の会議室に呼ばれ、つるし上げを食らってしまいました。

あなたも想像してみてください。昨日転職してきたばかりの社員がこんなことを言い出したら……？

「この部署の業務のやり方は非効率的です。なぜなら、商品セグメント別という切り口で営業しているので、同じエリアに複数の営業担当者が訪問してしまうからです。エリアもしくは得意先の業態という切り口で、営業組織を再編すべきでしょう。これによって営業拠点を3分の1にできるので、家賃や人件費などの事務所経費も削減できます。なぜそうしないのか理由がわかりません」

確かに言っていることはまっとうかもしれませんが……。ムカつきますよね？（笑）

頭の切れる人で、人がついてこない人には、こういうところがあるのかもしれません。

しかし、気をつけなければならない点があります。確かに感情への配慮は問題解決のアプローチとしては重要ですが、それはあくまで実行段階でのことです。考える際に持ち込むと情に流され、あるべき姿を見失ってしまいますから、その点は覚えておいてください。

◆「コンセプト・メイキング力」を磨く

また、わかりやすい**「コンセプト・メイキング力」**は、人を巻き込む際に効果を発揮します。

たとえば、

「この地域の市場シェアを現在の15％から、50％に持っていこう」

よりも、

「オセロ作戦だ。シェアをひっくり返すぞ！」

と言ったほうがわかりやすいし、イメージの力も手伝って、やる気を起こさせることができます。

「ワンストップソリューション」などもわかりやすいですね。

ワンストップソリューションというのは、一箇所あるいは一社ですべてのニーズを満たす、ということです。買い物でも、雑貨はドラッグストアで、食料品はスーパーで、というのは面倒くさいので、一箇所で済むイオンなどの総合スーパーやコンビニが重宝されます。

ＩＴシステム導入も、ハードはハードメーカー、ソフトはソフトベンダー、と個別に発注するのは面倒ですから、ＮＥＣや富士通が「ウチで全部やりますよ」とアピールするのです。

コンセプト・メイキング力を鍛えるには、キャッチコピー力も必要になってくるでしょう。

たとえば、あるゲームソフトメーカーでは、社内の開発プロジェクトをこんなふうに名付けたそうです。

「ストライク」「フリーダム」「ジャスティス」

好きな人はピンと来ましたよね。そう、「機動戦士ガンダムＳＥＥＤ」に出てくるモビルスーツの名前です。ガンダムを見て育った30代〜40代のビジネスパーソンにとっては、自然と〝燃え上がって〟チームの団結力もアップしそうですね。

◆仮想敵を設定する

また、チームのメンバーをやる気にさせたい時に有効なのが**「仮想敵」をつくる**ことです。

賛否両論ありましたが、小泉元首相は自分に反対する人をひとくくりに「抵抗勢力」と呼んで仮想敵をつくり、政権運営をやりやすくしました。

マイクロソフトのエクセルチームは「ロータス1-

2-3」を、ワードチームは「一太郎」を仮想敵に設定してチームの団結力を高め、シェア・ナンバーワンを勝ち取りました。

仮想敵を設定すると、自然と闘争心がかきたてられるのが人間の性《さが》なのでしょう。

◆ゴールを「見える化」する

先ほどは「問題を見える化する」ということを言いましたが、同様にゴールを見える化することも、他人を巻き込む時には大切です。

終わりのないマラソンなんて誰も走りたくない。バーのない走り高跳びは高く跳べない。自分のいる位置がどこか、進捗状況はどの程度かがわからないと、やる気が失せるものです。

目標、ゴール、進捗状況、上達状況、自分の立ち位置を見えるようにしておくことが、自分やチームのモチベーション維持に必要なのです。

③「深く、厳しく、徹底的に」やる

「戦略」を「行動」ベースに落とす時に大切なこと。それは、**「徹底してやる」**ということでしょう。

たとえば、セブン-イレブンのフランチャイズ・マニュアルを入手したとして、セブン-イレブンと同じ結果が出せるでしょうか?

マクドナルドの接客マニュアルを入手したとして、自社でも同じ接客レベルが得られるでしょうか?

サウスウエスト航空の経営手法を真似て、同じ結果が得られるでしょうか?

(サウスウエスト航空をご存じない人に少し紹介。たとえば人材募集すると4500人の採用枠に対して32万人もの応募があり、平均離職率が20%前後の米航空業界におい

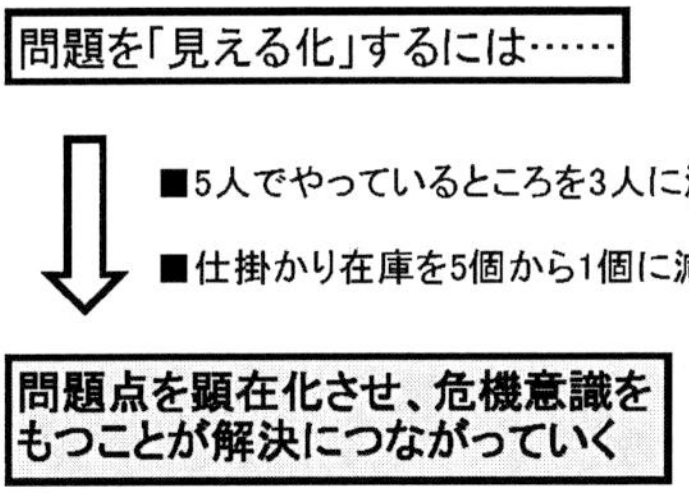
■5人でやっているところを3人に減らしてみる
■仕掛かり在庫を5個から1個に減らしてみる
問題点を顕在化させ、危機意識をもつことが解決につながっていく

て、5%以下を維持しているという、それくらい魅力的な会社になるということです)

◆「やっていること」は大差がない。なのに「結果」に大差がつく理由

実は、やっていることなんて、実はみな大差がないというのが本当のところなのです。だからみんな、「そんなことはすでにやっている」って言うんです。でも、「やっている」のレベルが違うんですね。本当に成果が出る「やっている」というのは、どこまで深く厳しく徹底的にできるかどうかなんです。

どんなに素晴らしい解決策であっても、表面をなぞる程度の実行では効果は知れています。

「徹底してやる」からこそ、効果が表れるのです。

たとえば、ホンダの販売店の中でも常に全国トップの営業成績を上げている神奈川県のあるディーラーは、スタッフ全員で毎日掃除をします。自社の店舗の周りだけでなく、隣も、その隣も、その隣も掃除するうちに、その一区画全部を掃除するまでになったそうです。

それは町内の評判を呼び、「クルマを買うならあのホンダのお店」と言われるようになりました。

勉強も仕事も、みんな「一生懸命がんばっている」と言います。試験に不合格になった人も、フリーターの人も、事業がうまくいっていない人も、実はみんながんばっている。でも、その「レベル」が違うんです。

テレビで「ワーキングプアと呼ばれる人だってがんばっているのに、格差が開くのは社会の仕組みが悪いからだ」とコメントする評論家がいました。

しかし、年収2000万円を稼ぐ僕の友人は、毎日睡眠時間4時間で土日も仕事をしていますが、彼に言わせると「自分はまだまだ」だそうです。

◆成功するまで続けるから、失敗しない

もうひとつ、**続ける**ということも大切です。

もしかして、問題解決は早いほうがよいと思ってい

ませんか？

仮説を出すのは早く、というのは述べたとおりですが、解決は早ければいいというものでもありません。

素早い対症療法も時には必要ですが、時間をかけて根本から解決しなければ、同じ問題が再発するからです。だから続ける。

セブン-イレブンの元会長の鈴木敏文氏も、毎週、全国のスーパーバイザーや開発担当を本部に集め、20年間毎週毎週、同じことを会議で言っているそうです。これにかかる交通費は年間5億円です。

同じメッセージでも言い方を変えて、今も繰り返し繰り返し言い続けている。それが今のセブン-イレブンという高収益企業を育てたのだと思います。

アフリカのある部族が雨乞いの踊りをすると、必ず雨が降るそうです。なぜだと思いますか？

答えは「雨が降るまで踊り続けるから」。

松下幸之助氏はこう言いました。

「成功するまで続けるから失敗しないんです」

これも、簡単にあきらめるのではなく、「徹底的に」「やり続けろ」、という教えだと思います。

④「仕組み化」を意識する

また、行動ベースに落とす際に心がけたいのは、何かうまくいったことがあれば、一回で終わりにするのではなく、**ルーチン化・マニュアル化**、つまり**「仕組み化」**して、誰でもできる仕事に変換できないかと考えることです。

問題は、一度解決したらそれで終わりではありません。特に人がからめば、いずれ風化します。一度改善しても、それで放っておくと元の木阿弥になる、ということは僕も随分経験してきました。

だから、**解決策はマニュアル化し、仕組み化し、継続させ、ヨコ展開させていく**、というステップを意識することです。

◆誰かの器の中で踊る人、器そのものをつくる人

マニュアルは「自動化・仕組み化」するための重要

なツール。原理原則となる土台です。そして、次の世代がマニュアルを破っていく。オペレーションの進化はこの繰り返しですね。

誰かのつくった器の中でなら踊れるけれども、その器そのものをつくれる人は少ないもの。

「仕組み」を意識できる人は、ビジネスにおいて、頭ひとつ抜け出すことができるのです。

しかし、仕組み化と言っても、形式重視では意味がありません。たとえば、かつてＩＳＯ（国際標準化機構）が流行りましたが、ＩＳＯの手順に従っていればクオリティの高い商品やサービスが提供できるかというと、そうとは限りません。食品衛生管理の手法であるＨＡＣＣＰ《ハセップ》に則れば安全な食品ができるとか、ゆめゆめ考えてはいけません。

僕の知人の会社でもＩＳＯをコンサルティング会社に依頼して導入したそうですが、疲れただけで何も変わらなかったそうです。

僕自身も昔、ＪＱＡ（日本経営品質賞）のプロジェクトに参加したことがありますが、手続きを重視するあまり現場が疲弊し、結局、組織に根付かなかった経験があります。

⑤「ルールを破ること」を恐れない

他人を困らせるルール破りは論外ですが、ルールに対してマジメすぎるのは思考停止を招きます。スポーツなどルールがあるからこそおもしろいものは別として、ルールにマジメすぎる人は、知的に怠惰という側面があります。

お役所仕事がよく批判の矢面に立たされるのはこのためで、「何でできないの？」と聞いても「そういう決まりだからです」という思考停止職員の存在があるからなのです。

実際、阪神淡路大震災の時、被災者の連絡用にと携帯電話の寄付を申し出たモトローラ社に対し、神戸市の担当者が拒否したそうです。

その理由というのが、備品に貼る識別票がないから、ということでした。

結局は他の担当者がとりなして受け取ったものの、これも、ルールを守ることが前提となって思考停止し、目的や実利を見失っている典型例です。

◆日常の〝何となく〟をふるいにかける

会社の中にはたくさんのルールや決まりごとがあります。その中には、誰も決めていないけれど、何となく従っている組織の不文律もあれば、数十年前にできた古い社内規則もあります。

「ウチはこういうことはやらない」という言葉を聞いたら、「何でですか?」って聞いてみましょう。

また、ルーチンワークには必ず盲点があるものです。いつもやっている仕事こそ、「これは誰にとって、どのように役に立っているか」を振り返ってみましょう。案外、タイムパフォーマンスに合わないことをやっているかもしれません。

3　自分が鍛えられる〝環境〟を求めていくこと

経営コンサルティングファームに入社した多くのコンサルタントは、短期間で急激に問題解決能力が高まります。なぜか。やはり密度の濃いプロジェクトを何本もこなす、という点があげられます。普通の社会人の5年分を1年間でやるようなものです。

そんな仕事に対して、適切なレビュー（評価）を受けることができる点も大きい。

コンサルファームのディレクタークラスになると、宇宙人ではないかと思うくらい優秀な人ばかりです。そんな人から、「キミはここが弱い。プロモーション(昇進)にはあと3カ月でここを強化する必要がある」「次のプロジェクトでは、こういうことを意識してやってごらん」と極めて的確で具体的なアドバイスをもらえます。そうすると、自分が何をしなければならないか、明確にわかる。

それだけではありません。同僚たちも常に問題解決思考なので、日常の会話ですら「それって要するにどういうこと？」「何で？　どういう仕組みになってるの？」「それって、本当なの？」「それって、クリティカル（意思決定を左右する重大）な問題なの？」とつっこまれます。

そして、彼らはゼロクリアを恐れない。

「今、解決しようとしている問題そのものが間違っているのではないか？」

「この解決策って、過度に運用に依存するから、制度欠陥を起こすんじゃないか？」

「そもそも、解決しなくっても、いいのではないか？」

今まで検討してきたものにこだわらず、しがみつかず、違っていると思ったら、あっさりと捨て去ることができる。

こういう口癖、こういう視点の持ち主たちと一緒にいると、イヤでも問題解決思考にならざるを得ない。最初はびっくりですが、でも慣れてくる（くれぐれも普通の人にはしないように。友達をなくしますから・笑）。

しかし、こういう環境は、コンサルファームという、ある意味で特殊な業界だからできることです。では、どうすればいいか？

ひとつは「他流試合」をして、今の自分の位置を知ることです。つまり、セミナーに参加したり、スクールに通ったりして、他のビジネスパーソンと交流するのです。お金と時間がある人は、ビジネススクールに通うという方法もあります。こうすれば、自分の「がんばっている」のレベルが、「ぬるい」か「標準」か「イケてる」か見えてくる。多様な価値観に触れることで、発想の枠組みが広がります。

もうひとつは、ちょっと抽象的ですが、自分の目に映る人たちを幸せにしようとすることです。

そもそも何のために問題解決をしなきゃいけないかというと、究極的には自分自身のハッピーを手に入れるためのはずです。そして、自分自身のハッピーを手に入れるには、他人をハッピーにすることが一番効果的なんです。

問題解決能力が伸びるかどうか。その根本にあるのは、そうした相手への思いやりの有無ではないでしょうか。

【この章のまとめ】

◇どんなに素晴らしい問題分析と解決策の策定が机上でできても、実行に移して現実を変えなければ問題解決ではない

◇「思考」と「行動」の間には、次元が違うと言っていいほどの隔たりがある

◇真の問題解決能力とは「考えたこと」と「行動」を直結させ、「成果を出す」こと

おわりに

僕たちの前には無数の道が開かれている…
あなたは、どの新しい道を歩くのか？

この本を読み終えて、いかがでしたか？

僕自身、他の企業の戦略提案はしていたのに、数年前までは自分の戦略は全く描いていませんでした。

外部環境はどうか、内部環境はどうか、商品力は他社と比較してどうか、世の中はどう動いていくか、そのためにやるべきこと、戦略・商品・組織・営業・物流・研究開発……まさに自分自身も同じはずなのです。

でも、年収がいくらとか、年商がいくらとか、どんな大きさの家を持っているとか、他人と比較して自分をつくろうとしても、疲れるだけ。だから、他人を基準にはしない。

今、転職するかどうかで人生が変わるでしょう。
今、留学するかどうかで人生が変わるでしょう。
新しく始めた趣味がきっかけで、人生が変わるかもしれない。

今日の帰り、いつもと違う道を通ったら、人生を変える人に出会うかもしれない。

僕たちの前には無数の道が開かれていて、どの道を歩くのも自由です。

もしかしたら、選んだのは苦しい道かもしれない。でもそれは、人生のスパイス。通り過ぎた後は、必ずひとまわり成長しているものです。

最後にひとつ。問題解決は単行本1冊に収まるようなものではありませんし、本を何冊か読んだからといって、問題解決力がすぐに高まるわけではありません。

本書の原稿も、もともとは本書の2倍くらいありましたが、ページ数の都合上、かなりカットせざるを得ませんでした。だから、言い足りないことはたくさんあります。

でも、「問題解決って、みんなをハッピーにすることなんだ」「問題解決って、本当は楽しいんだ」そう感じていただけたら、著者として大変うれしく思います。

午堂 登紀雄

【参考文献】

『仮説思考』（内田和成　東洋経済新報社）
『地頭力《じあたまりょく》を鍛える』（細谷功　東洋経済新報社）
『考える技術』（大前研一　講談社）
『問題発見プロフェッショナル　構想力と分析力』（齋藤嘉則　ダイヤモンド社）
『戦略思考コンプリートブック』（河瀬誠　日本実業出版社）
『1ウォンの考え、10億ウォンのアイディア』（朴鐘夏　すばる舎）
『トヨタ生産方式』（大野耐一　ダイヤモンド社）
『トヨタ式「スピード問題解決」』（若松義人　PHPビジネス）
『新訳　現代の経営〈上〉〈下〉』（P・F・ドラッカー　ダイヤモンド社）
『鈴木敏文の「本当のようなウソを見抜く」』（勝見明　プレジデント社）
『田中義剛の足し算経営革命』（田中義剛　ソニー・マガジンズ新書）
『イソップ寓話の経済倫理学』（竹内靖雄　PHP研究所）
『100年楽しめる古典名作パズル』（伴田良輔　日本文芸社）
『ビル・ゲイツの面接試験―富士山をどう動かしますか？』（ウィリアム・パウンドストーン　青土社）
『外資系企業がほしがる脳ミソ』（キラン・スリニヴァス　ダイヤモンド社）
『日本の論点』（文藝春秋編、文藝春秋）
『27人のすごい議論』（『日本の論点』編集部編、文春新書）

著者略歴

午堂 登紀雄（ごどう・ときお）

1971年岡山県生まれ。中央大学経済学部卒。米国公認会計士。大学卒業後、東京都内の会計事務所にて企業の税務・会計支援業務に従事。

大手流通企業のマーケティング部門を経て、世界的な戦略系経営コンサルティングファームであるアーサー・D・リトルで経営コンサルタントとして活躍。IT・情報通信・流通・ 金融をはじめとした国内外の大手企業に対する経営課題の解決や事業戦略の提案、M&A、企業再生支援など、数多くの案件を手がける。

2006年、株式会社プレミアム・インベストメント&パートナーズを設立。現在は不動産投資コンサルティングを手がけるかたわら、資産運用やビジネススキルに関するセミナー、講演で活躍。また、キャリアプランやビジネススキルアップに関する講演、企業研修、執筆等も精力的に行なっている。著書多数。

※本書は、ビジネス社から発行された『脳を「見える化」する思考ノート』を再編集・改題した内容になります。

“地頭”がいい人の問題解決力

2018年3月1日　初刷発行
2019年6月14日　二刷発行

著者　午堂登紀雄

表紙デザイン　WORKS 若菜 啓

発行者　松本善裕
発行所　株式会社パンダ・パブリッシング
〒111-0053　東京都台東区浅草橋5-8-11　大富ビル2F
http://panda-publishing.co.jp/
電話／03-6869-1318
メール／info@panda-publishing.co.jp